Al borde de un ataque de compras

Brenda Chávez (Madrid, 1974) es periodista especializada en sostenibilidad y cultura, licenciada en periodismo y derecho, y autora del libro *Tu consumo puede cambiar el mundo* (Península, 2017). Su experiencia como redactora jefe de la revista *Vogue* y subdirectora de *Cosmopolitan* avivó su preocupación ante los excesos del mundo de la moda y del modelo productivo en general, y la llevó a profundizar y especializarse en el consumo responsable. Actualmente es miembro del colectivo femenino de periodistas de investigación sobre consumo Carro de Combate. Presenta la sección quincenal de consumo sostenible «Consuma Crudeza» en el programa de radio *Carne Cruda*, adscrito a *eldiario.es*. Colabora, entre otros medios, con *El País*, *El Salto*, *Opcions*, *Cuerpo Mente*, *The Ecologist*, *Ethic* y también en proyectos vinculados con la cultura y la sostenibilidad.

@BrendaChavez_
brendachavez_
www.brendachavez.com

Brenda Chávez

Al borde de un ataque de compras

73 claves para un consumo consciente

DEBATE

Papel certificado por el Forest Stewardship Council®

MIXTO
Papel procedente de fuentes responsables
FSC® C117695

Primera edición: octubre de 2019

Printed in Spain – Impreso en España

ISBN: 978-84-17636-63-0
Depósito legal: B-17.437-2019

Compuesto en M. I. Maquetación, S. L.

Impreso en Limpergraf
Barberà del Vallès (Barcelona)

C 6 3 6 6 3 0

Penguin
Random House
Grupo Editorial

Para todas las personas que desean
crear un impacto positivo
en el planeta y en sus vidas

Índice

Segunda parte
Qué consumir por nosotros y por el planeta

Mi capital es el tiempo, no el dinero.

Marcel Duchamp

El afán de consumo es un afán de obediencia
a una orden no pronunciada.

Pier Paolo Pasolini

PRÓLOGO

El consumo que no nos consume

Consumimos a diario, y este acto aparentemente banal (que en realidad vertebra nuestra economía y califica nuestra sociedad de consumo) se ha vuelto cada vez más difícil de practicar de forma consciente, es decir, teniendo en cuenta no sólo la calidad y el precio, sino también sus implicaciones sociales y medioambientales. Porque recibimos más y más mensajes, muchos de ellos confusos, *fake news*, *greenwashes*, *socialwashes*, *ghostwriting*, etc., ruido mediático en definitiva, que complica aún más esto tan básico, y necesario, que es consumir sabiendo qué es lo saludable para nosotros y la naturaleza.

Desde que publiqué *Tu consumo puede cambiar el mundo* hace más de dos años, me han invitado a participar en multitud de conferencias, ponencias, mesas redondas, debates, cursos, talleres, charlas (incluida una TED Talk). También he concedido numerosas entrevistas a medios muy distintos. Y al establecer un diálogo sobre el consumo consciente (asimismo llamado responsable, sostenible, crítico o transformador) con audiencias de diverso poder adquisitivo, ideología, religión, edad, nacionalidad, sexo, educación y necesidades, así como con colectivos profesionales, civiles, empresariales e institucionales, he podido constatar que existe una preocupación común, creciente, por conocer qué hay detrás de lo que consumimos habitualmente y qué alternativas podemos encontrar con un menor impacto negativo.

Todas estas experiencias me han llevado a reflexionar sobre la necesidad de contar con unas pautas sencillas que faciliten la toma de decisiones, muchas veces inmediatas, emocionales e inconscientes debido a lo interiorizado que tenemos el modelo productivo, así como sus numerosos reclamos.

También me parecía pertinente unificar criterios y simplificar en la medida de lo posible la labor de todos nosotros, consumidores y consumidoras, porque además, ante todo, somos habitantes del planeta, seres humanos, ciudadanos y ciudadanas, hijos, hijas, padres, madres, profesionales, amigos, amigas, parejas, hermanos, hermanas, y desempeñamos una infinidad de roles mucho más importantes, interesantes y gratificantes que el de consumir.

Además, en todo este tiempo, mucha gente me ha pedido un libro breve, casi como recordatorio del anterior, para regalar a sus hijos adolescentes, a sus progenitores, a compañeros de trabajo, a concienciados, o no tanto, y que se pudiera leer en cualquier sitio ya fuera en el metro, en el autobús o en la cama, sin quedar sepultados por las casi setecientas páginas de *Tu consumo puede cambiar el mundo*. Siempre me han parecido buenas ideas, las agradezco desde aquí, no sólo lo entiendo perfectamente, sino que ha sido un placer escribirlo.

Como periodista creo que mi labor no sólo consiste en acercar lo más pormenorizadamente posible las realidades que no están al alcance de la ciudadanía, como hice en mi anterior incursión editorial, sino también, en igual medida, en facilitar y sistematizar el acceso a la información de forma útil. Este nuevo artefacto responde a este interés y, por supuesto, de nuevo, al de tomar conciencia de nuestro poder como consumidores para emplear nuestros actos como una herramienta de transformación social y medioambiental que favorezca nuestra salud, la del globo y nuestras necesidades reales.

Por todos estos motivos pongo en vuestras manos estas claves básicas para tenerlas presentes en el camino hacia fórmulas de consumir más sostenibles. No pretenden sermonear, ni dogmatizar, ni culpabilizar, porque estas actitudes tornan el proceso en algo tedioso, poco motivador y escasamente constructivo.

Es injusto que a las personas consumidoras se nos suela culpar de los impactos socioambientales del sistema productivo actual, cuando a menudo, por una parte, se nos incita a comprar sin límite como sinónimo de felicidad y, por otra, habitualmente ignoramos las relaciones de poder que subyacen a los bienes o servicios, y cómo éstos se fabrican, debido a esa «fetichización (o fetichismo) de la mercancía» aludida por Karl Marx y William Morris, entre otros, que no es otra cosa que la ocultación de la explotación tras su producción.

La intención de estas pautas es desarrollar en unos pocos párrafos ideas ilustrativas, reflexiones, glosas, mantras, otros dirán sutras, algoritmos verbales que nos agilicen la vida (ya de por sí compleja) y el consumo (no menos complicado en la actualidad). Muchas, además de estar relacionadas entre sí, son palancas de cambio para desprogramar lógicas de mercado que tenemos totalmente incorporadas y que nos influyen al elegir sin que apenas nos demos cuenta.

Por eso este libro aborda dos planos diferentes del consumo, ambos imprescindibles. La primera parte, «Consumidores al borde de un ataque de compras», invita a reflexionar sobre él, así como a desmontar mitos y narrativas que inconscientemente tenemos asumidas, para evitar el consumismo, las compras inducidas, compulsivas, emocionales, o por razones igualmente poco afortunadas. La segunda, «Qué consumir por nosotros y por el planeta», plantea consejos prácticos sobre alternativas concretas que ya están a nuestro alcance, explicadas de manera accesible.

Juntas, establecen filtros y líneas de acción para decantarnos por artículos o elecciones que influyan de forma virtuosa en nuestras vidas y en la economía capitalista que nos rodea. Suponen un conjunto de principios que no hace falta aplicar a rajatabla, ni con fanatismos (cada uno escogerá aquellos que resuenen más con su momento personal), que nos devuelven a la senda del sentido común que habita en todos nosotros, pese a que la maquinaria de la sociedad de consumo carezca absolutamente de mesura y nos aboque a niveles desmedidos, a la par que absurdos y peligrosos.

La producción y el consumo responsables son el punto duodécimo de los Objetivos de Desarrollo Sostenible, la agenda de diecisiete metas de Naciones Unidas para alcanzar esa prosperidad global en 2030. Algo fundamental, puesto que anualmente, tal y como apunta Global Footprint Network, demandamos 1,7 tierras en recursos naturales, es decir, consumimos y producimos por encima de la capacidad terrestre para renovarse. En 2030, según WWF, serán dos tierras, y en 2050 casi tres...

Por si fuera poco, una quinta parte de la población mundial desperdicia el 80 por ciento de esos recursos,[1] y las últimas cuatro décadas de esplendor neoliberal han sido el periodo de mayor calentamiento global de la historia, en el que se ha cuadruplicado la producción y el consumo, lo cual ha provocado graves externalidades ambientales (como el cambio climático, niveles de residuos nunca vistos, la acidificación de los océanos, etc.) y sociales (como una brecha creciente entre ricos y pobres, o la precarización del mercado laboral)[2] directamente relacionados con nuestro modelo productivo, o lo que es lo mismo, con cómo se fabrican y consumen nuestros artículos y servicios.

Consumir es un acto económico de primer orden aunque interese potenciarlo (como ocurre con el voto durante el periodo electoral) lo más acrítica, emocional e irreflexivamente posible. Y al igual que votar, no deja de ser una decisión política con la que cada día perfilamos nuestra realidad, que implica intereses de todo tipo que podemos estar apoyando, sin saberlo, en contra de nuestros propios valores y supervivencia. Nosotros elegimos, pero para hacerlo con verdadera libertad debemos estar bien informados. Espero, humildemente, poder contribuir a esa labor desde estas páginas.

Primera parte

Consumidores al borde de un ataque de compras

En 1998, el estadounidense Elias St. Elmo Lewis definió el modelo AIDA (atención, interés, deseo y acción) para describir los efectos que produce un mensaje publicitario. Un esquema que se venía estudiando y aplicando desde los años veinte para incitarnos a consumir, que consiste en cuatro escalones que caracterizan la reacción típica del consumidor hasta llegar a tomar sus decisiones, una secuencia que nos pone «al borde de un ataque de compras». Ese instante o impulso irrefrenable, incluso acompañado de sudoraciones o excitación, en el que se contraen o dilatan nuestras pupilas ante la futura adquisición y en el que una vocecilla interior parece susurrarnos: «cómpralo, cómpralo; consume, consume...».

Y, seamos sinceros, muchas veces ni sabemos por qué estamos en ese estado. Somos inconscientes de nuestras propias motivaciones y comportamientos porque, en general, el consumo suele ser guiado, emocional y, por qué no decirlo, compulsivo. Pero si añadimos conciencia al detonante de esta conducta, podremos actuar de forma más efectiva durante el proceso.

Además, en numerosas ocasiones esos motivos no son cuestiones vitales, sino «falsas necesidades» aludidas por diversos autores como Karl Marx, Manfred Max Neef, Herbert Marcuse, Jean Baudrillard, Rousseau o Epicuro; un montón de razones equivocadas por las que consumir. Muchas de ellas, lógicas de mercado que tenemos totalmente asimiladas, mensajes de la industria, corporativos, publicitarios, etc., que no nos cuestionamos y que operan a muchos niveles en todos nosotros con más influencia de la que pensamos. Así, consumir se vuelve algo supuestamente superficial, lúdico e irracional.

Por eso es importante reconocer y desprogramarnos de algunas narrativas predominantes que nos rodean, conectar el consumo a nuestras verdaderas necesidades (no a las que nos dictan desde múltiples frentes) y conocer su trazabilidad, desde las materias primas hasta el punto de venta, no sólo el marketing con el que nos engatusan las marcas.

Con ello, podremos apoyar formas de producción y comercialización más justas y respetuosas con el medioambiente y la sociedad que protejan los bienes comunes y antepongan las personas y el planeta a los beneficios económicos, promoviendo así un desarrollo global. Una transición hacia un modelo productivo sostenible que sólo podrá llevarse a cabo si todos los agentes que formamos parte del mercado (administraciones, empresas, industrias, consumidores, etc.) somos conscientes de las causas de los impactos actuales y dejamos de contribuir a ellos.

Como consumidores, nuestro papel en el engranaje es central. Podemos dejar que nos manipulen creyendo que decidimos libremente, cuando en realidad sólo nos estamos dejando arrastrar por la corriente mayoritaria, contribuyendo al problema. O podemos decidir librarnos de todo eso, empoderarnos, y añadir conciencia a este hecho clave que no sólo nos provee de lo que requerimos, sino que también construye a diario el mundo en que vivimos.

1

Simplifica: cubre tus necesidades reales, nunca tendrás suficiente de lo que no necesitas

Hemos perdido la noción de lo que es de veras fundamental, incluso podemos decir que estamos «pasados de rosca» en reconocer qué es imprescindible y qué no. Porque, ¿qué es prescindible en una sociedad que nos empuja al exceso, a emular a referentes globales como las Kardashian; que dirige a una parte de la población a poseer más y más, mientras la otra vive bajo mínimos y todos padecemos los impactos de esta vorágine?

¿De verdad necesitamos renovar el armario cada estación, el móvil cada año, el coche cada tres o el ordenador cada cinco? ¿Es esencial redecorar la casa (y nuestra vida) a golpe de catálogo cada temporada, o dilapidar dinero en marcas que intentan convencernos de que con ellas seremos más especiales, como si no lo fuéramos ya? La respuesta, claramente, es no.

Todo esto sólo lo necesitan las diversas industrias para continuar en su lógica suicida de crecimiento ilimitado en un mundo de recursos finitos, que nos lleva a devorarlo, a explotar a sus seres (humanos, animales, vegetales), así como a buscar la felicidad o la satisfacción en lo exterior, en la posesión y en la mirada del otro.

Aunque suene a perogrullada, necesario es sólo lo que requerimos para nutrirnos, vestirnos, cobijarnos, desarrollarnos personal e intelectualmente, o proveernos de seguridad real, justo las razones por las que menos solemos consumir.

La teoría psicológica de los años cuarenta de Abraham Maslow, denominada Pirámide de Maslow, de gran influencia en la publicidad y el marketing, señala que las necesidades humanas están jerarquizadas y son infinitas.[1] Conforme satisfacemos las más básicas (en la base de la pirámide), desarrollamos deseos más elevados (en la cúspide de la misma).

A los cuatro niveles más bajos los denomina necesidades déficit (*D-needs*). El primero son las básicas y de supervivencia: respirar, beber, alimentarse, dormir, eliminar los desechos corporales, evitar el dolor o mantener la temperatura corporal. El segundo son necesidades de seguridad y protección: integridad física, salud, necesidad de recursos y vivienda. El tercero son las necesidades sociales: relaciones de amistad, pareja, colegas, familia y aceptación social. Y el cuarto, necesidades de estima o reconocimiento: respecto a uno (confianza, logros, independencia, libertad) o respecto a los demás (atención, aprecio, reconocimiento, reputación, estatus, dignidad, fama, gloria e incluso dominio).

En el quinto nivel, calificado como autorrealización, se encuentran las *B-needs* (la justificación y el sentido de la vida), a las que según Maslow se accede sólo cuando los demás estratos han sido satisfechos en cierta medida. Una escalada de infinitas posibilidades que afortunadamente comenzó a rebatirse cuatro décadas después (por Manfred Max Neef, Martín Hopenhayn o Paul Ekins, entre otros) al entrar en conflicto con los límites terrestres y el desarrollo sostenible.

Frente a ella, esos autores exponen que las necesidades son finitas, universales y únicamente nueve: subsistencia, protección, afecto, comprensión, participación, creación, recreo, libertad e identidad. Y se cubren a través de cuatro vías: ser, tener, hacer y relacionarse.

La sociedad de consumo, alentada por las diferentes industrias, corporaciones, etc., promueve una realización humana basada sólo en poseer y en el poliedro de Maslow. Pero el globo necesita que respetemos sus limitaciones, y las próximas generaciones, que se lo leguemos digno.

No es necesario comprar un producto para limpiar cada rincón del hogar o enser doméstico. Por mucho que nos lo venda la publicidad, la cocina y el baño no son dos universos irreconciliables con requerimientos específicos.

Tampoco es imprescindible usar un artículo de higiene, o un cosmético, para cada parte del cuerpo. Ni seguir a pie juntillas las tendencias de moda, de tecnología, etc. Eso sólo lo ansían las empresas para diversificarse y vendernos cuantos más bienes mejor, aunque su contenido y cometido sean casi idénticos.

Para ello nos generan una ingente cantidad de aspiraciones ficticias que además pretenden que sean ilimitadas. Y lo serán si no ponemos freno, si creemos a rajatabla lo que nos cuentan (y no discernimos entre qué es publicidad, marketing o información real), si intentamos suplir nuestros vacíos comprando sin criterio, o si no le damos sentido a nuestra existencia más allá de lo material.

Se impone simplificar y tomar perspectiva para darnos cuenta de que nos seducen con deseos que a menudo no albergamos, que cuestan dinero, ocupan espacio y agotan inquietantemente la Tierra y a sus habitantes. Si lo reflexionamos bien, se puede consumir menos ganando en calidad de vida, claridad mental, tiempo y amortiguar ese ruido de mensajes que la gran mayoría de las veces nos hacen sentir insatisfechos, infelices, incompletos, o incluso fuera de lugar, porque así captan nuestra atención e interés para que deseemos cubrir esas demandas irreales comprando lo que nos recomiendan.

Liberémonos de narrativas de mercado que tendemos a considerar propias y ciertas, porque con tan sólo un par de cremas (o aceites) se cuida la piel a la perfección. Con un buen jabón natural se limpia escrupulosamente el 80 por ciento de la casa. Y con un armario de pocas prendas bien escogidas se viste divinamente, porque en la actualidad sólo usamos el 30 por ciento de su contenido y el otro 70 por ciento está ahí porque un día creímos que era imprescindible.[2]

No hagamos ni caso, podemos apearnos de esa maquinaria voraz que nos satura y aliena con el consumo, como si fuera una religión. Hay cosas infinitamente más interesantes con las que dotarnos de significado. En nuestro fuero interno sabemos cómo, indaguemos. Nos hará mucho más felices. Consumir es un pozo sin fondo que no nos va a satisfacer tanto como nos hacen creer, enseguida querremos más de todo eso que consideran infinito.

2

Antes que consumidores, somos habitantes del planeta, seres humanos y ciudadanos

Los consumidores somos un invento muy reciente, de hace apenas un siglo. El origen moderno del término «consumidor» procede de la expansión de la industria publicitaria en el siglo XX, y contribuye a la masiva participación ciudadana en los valores de mercado e industriales a escala.

Aunque como seres humanos consumimos recursos para sobrevivir, la hipertrofia sólo deviene cuando la sociedad comienza a girar en torno a la necesidad de elevar esos niveles de consumo para su «buen funcionamiento». Algo que arranca tímidamente en los años veinte, cuando los diarios, las revistas y las radios comenzaron a llamar por primera vez «consumidores» a la ciudadanía norteamericana. Y que se extendió globalmente tras la Gran Depresión y la Segunda Guerra Mundial debido a la acuciante exigencia de supervivencia empresarial, quedando así inaugurada la sociedad de consumo.[1]

Nuestra misión es consumir para impulsar el comercio, el mercado, a las compañías y, desde hace cuarenta años, a la economía de libre mercado. Y, como tal creación que somos, nos interesa ser conscientes de la pieza que ocupamos en este engranaje y de nuestros derechos: 1) a las necesidades básicas, 2) a la seguridad, 3) de elección, 4) al resarcimiento, 5) a la información, 6) a la formación, 7) a la representación y 8) a un entorno saludable.

Pero antes que consumidores, somos ciudadanos, miembros activos de un Estado, titulares de derechos políticos sometidos a las leyes. En la Declaración de los Derechos del Hombre y del Ciudadano (1789) se afirma que éstos son naturales, inalienables y sagrados, así como que todos nacemos libres e iguales.

Previamente, también, somos habitantes del planeta y parte de la naturaleza, ese gran laboratorio originario donde las especies que poblamos hoy la Tierra hemos sido las mejor adaptadas (y supervivientes) a los aproximadamente 4,54 millones de años de evolución. Como criaturas humanas, nuestros derechos y necesidades vitales están reconocidos en la Declaración Universal de los Derechos Humanos de la Asamblea General de Naciones Unidas (1948), no en la pirámide de Maslow.

Sin embargo, pese a ser seres supuestamente racionales, hemos inaugurado esta nueva era geológica conocida como Antropoceno, en la que se perciben indiscutiblemente los efectos de nuestra actividad sobre el globo. Y no ha ocurrido de la noche a la mañana.

Los científicos apuntan que si redujésemos estos siglos de evolución a 24 horas, el periodo de la Revolución industrial a la actualidad sería sólo un segundo, el más letal. Porque desde que James Watt inventó la máquina de vapor en 1781, sentando las bases del consumo masivo de energías fósiles (carbón, crudo y gas), la concentración de CO_2 en la atmósfera no ha cesado de aumentar (280 partes por millón en el siglo XVIII, 330 en 1970, 375 hoy), en paralelo a la subida de la temperatura (14,8 grados en la era preindustrial, 15,4 grados hoy, y las previsiones más optimistas auguran dos grados más este siglo).[2] Así, la época de esplendor neoliberal (de 1983 a 2012), en la que precisamente se ha cuadruplicado el consumo y la producción, ha sido la más cálida en 1.400 años.[3] ¿De verdad sabemos bien qué estamos haciendo?

3

Descubre los detonantes de tu consumo

Frecuentemente nos encontramos adquiriendo algo, no por necesidad, sino porque es barato, por ocio, por falta de tiempo, para suplir insatisfacciones, porque creemos que nos reporta un cierto estatus, por deseo de pertenencia a un grupo social (real o imaginario), porque pensamos que refuerzan o comunican mejor nuestras virtudes, etc. Y tengámoslo claro, todos estos detonantes no son más que un buen puñado de ideas disparatadas por las que consumir, de las que a menudo no somos ni conscientes.

Además, es probable que nos decantemos por artículos predefinidos por las principales industrias (o similares) que las compañías y marcas nos aconsejan a través de múltiples reclamos como anuncios, campañas, *influencers*, *bloggers*, *youtubers*, *celebrities*, etc.

Antonio Damasio (Premio Príncipe de Asturias 2005) explica que nuestro cerebro valora económicamente en base a la emoción provocada. Es decir, si nos encaprichamos con algo estaremos dispuestos a pagar más. Y para lograrlo, en términos de neuromarketing, sólo hay que activar el córtex prefrontal ventromedial y el orbitofrontal medial (encima de las órbitas oculares) para generar esa sensación placentera.[1] Una tarea asumida por la publicidad y el marketing cuya misión es crear los mayores estímulos posibles para inducirnos a comprar.

Con los años, los departamentos de la segunda disciplina de las grandes corporaciones han ganado en protagonismo, mientras que los de producción deslocalizaban la fabricación a países donde los costes laborales y medioambientales eran (o son) ínfimos. En la actualidad, el gasto mundial en marketing es de 400.000 millones de euros al año, una cifra mayor que el presupuesto de la ONU (o de cualquier país) para educación, sanidad o justicia.[2]

Y aunque no seremos más felices consumiendo más, en ningún momento histórico se ha identificado tanto la felicidad con el consumo como hoy. Otra narrativa o lógica de mercado suicida, construida en buena parte gracias a todo ese dineral diseminado cual lluvia fina por todo nuestro entorno con una influencia invisible pero poderosa que nos llega a diario a través numerosos medios: prensa, radio, televisión, móvil, ordenador, tableta, carteles en las calles, en eventos, a través de diversos entes, amigos, compañeros, familiares, redes sociales, industria cultural, etc.

Por eso, ante nuestra próxima adquisición, preguntémonos: ¿por qué estoy apunto de comprar esto? Si es por algunas de las razones aludidas, abstengámonos, si podemos. Consumamos intentando desprogramarnos de todas ellas para centrarnos sólo en lo importante.

4

Barato es evitar comprar lo innecesario

Una de las motivaciones más comunes por la que consumimos es simplemente porque algo es barato, o porque está rebajado, o porque es *Black Friday*, *Cyber Monday*, etc. Así, acabamos acumulando multitud de cosas que con bastante probabilidad son prescindibles, a menudo de mala calidad, que quedan arrumbadas, se rompen o se tiran, inundando de residuos al planeta, rebosante como nunca de ellos mientras lo que parece barato les sale más caro que no comprarlo a nuestro bolsillo y al mundo.

Incluso aunque arramblemos con un chollo que necesitamos, no solemos reparar en sus costes ocultos para quienes lo han manufacturado. En la moda rápida fabricada en Camboya o Bangladesh se pueden pagar entre 30 y 60 euros mensuales por 12 y 14 horas diarias, cuando para vivir dignamente por esas latitudes se requieren unos 250 o 280 euros al mes.[1] ¿Nos gustaría cobrar salarios con esa desproporción a cambio de jornadas extenuantes?

Tampoco nos percatamos del coste oculto para el medioambiente de los países donde se producen nuestros artículos, muchas veces sujetos a leyes más laxas. Ni tampoco del coste fiscal que subyace a los mismos, porque las grandes empresas y transnacionales, que a menudo ofertan esos bajísimos precios, poseen estrategias para pagar los mínimos impuestos posibles allí donde operan, o deciden establecerse donde apenas tributan, quedando escasos beneficios redistribuibles entre esas poblaciones (por la vía tributaria o laboral), puesto que la mayoría acaban concentrados en una élite económica e industrial.

Si todos los costes sociales y ambientales de las supuestas gangas se añadieran a su precio final, convertirían esas tentaciones en los artículos y servicios más caros, y los responsables o ecológicos serían los más asequibles, al carecer de esos impactos nocivos o al reducirlos.

Pero como muchas compañías hoy no se responsabilizan de ellos (o incluso les compensa si les multan por malas praxis, por los suculentos beneficios que obtienen), y como la mayoría de estos abusos ocurren en lugares remotos, lejos de nuestra visión, pensamos que no nos afectan o que no existen, cuando al final realmente los pagamos todos.

Porque los salarios precarios, allende los mares, acaban por rebajar nuestros sueldos en Occidente al competir en el mismo mercado laboral global. Porque las fiscalidades injustas nos depauperan a todos, da igual la parte del mundo que habitemos. Y porque la salud, así como el bienestar del planeta, están intrínsecamente unidos a los nuestros, por lo que cuando se contaminan las aguas, el suelo, el aire, o se intoxica a los empleados de cualquier región, tarde o temprano, influirán en lo que respiramos, en donde nos bañamos, en las especies (vegetales, animales, etc.) que ingerimos y emponzoñará los bienes de consumo que tan alegre e inocentemente adquirimos, ajenos a todo esto. Llamémoslo karma, o globalización, pero lo barato nos acaba saliendo caro a la mayoría.

5

El consumo no es ocio

Otra de las razones más sonadas por las que consumimos es por evitar el aburrimiento. En las últimas décadas las tiendas y los centros comerciales se han vuelto lugares de recreo. Además, existe todo un imaginario que nos hace percibir que mirar escaparates o salir de compras (o hacer *shopping*) es un entretenimiento deseable o divertido.

Tenemos completamente interiorizado que una persona cargada de bolsas de grandes marcas es la viva imagen de la felicidad. Así nos lo muestran el cine, las series, las revistas, la televisión, los *bloggers*, los *influencers*, etc. Una visión reforzada desde esferas educativas, académicas, económicas y políticas con la creencia inapelable de que el consumo es bueno para la economía porque genera riqueza y desarrollo, fomentando un paradigma de poseer (o aparentarlo) más que de ser, hacer o relacionarse.

Sin embargo, aún nos cuesta asumir por completo que el Antropoceno se ha generado por el impacto de la actividad humana sobre los ecosistemas terrestres, y que otra imagen, la de los osos polares sin hielo por donde pisar (hoy ya metáfora global del cambio climático), está estrechamente relacionada con el acelerón que se le ha infligido a la Tierra en las cuatro últimas décadas, consumiendo y produciendo por encima de su capacidad para renovarse, lo cual no permite un desarrollo sostenible.

Tal vez deberíamos plantearnos qué tipo de elecciones y fórmulas de consumo sí lo promueven (como las recogidas en la segunda parte), así como corregir los modelos productivos no encaminados a ese fin. Porque consumimos más que nunca (los que podemos), pero ni estamos más felices ni vivimos mejor, puesto que las brechas sociales y laborales no hacen más que agravarse.

En cambio, estamos tan entretenidos con las innumerables posibilidades que se nos ofrecen que ni nos fijamos en el engranaje del que formamos parte, desconectados de cuestiones tan esenciales como de dónde viene nuestra comida, energía, ropa, etc., o qué impactos provocan en nuestra salud, en la de otros, o en la naturaleza.

El ocio, desde la perspectiva del consumo consciente, reporta beneficios físicos, de desarrollo personal, y no tiene por qué implicar gastar dinero: practicar deporte, estar al aire libre, socializar, disfrutar de actividades culturales, etc.

De hecho, el *Diccionario* recoge varias acepciones para «ocio»: cesación del trabajo, inacción o total omisión de la actividad; tiempo libre de una persona; diversión u ocupación reposada, especialmente en obras de ingenio porque éstas se toman regularmente por descanso de otras tareas, y obras de ingenio que alguien forma en los ratos que le dejan libres sus principales ocupaciones. Consumir no parece encajar en ninguna de ellas.

6

No calmes tu malestar comprando, actúa

¿Cuántas veces hemos consumido algo para compensar que teníamos un mal día, que nos sentíamos solos, tristes, enfadados, bajos de ánimo, por problemas en el trabajo, con los amigos, con nuestra pareja, progenitores, hijos, hijas...?

Si, como vía de escape a nuestro malestar, sólo recurrimos a esa sensación placentera que provoca comprar, estamos perdiendo la posibilidad de afrontarlo de manera más efectiva y duradera. Por eso, consumir inconsciente o acríticamente no sólo impacta en nuestra cuenta bancaria y en la del globo, sino que además puede convertirse en un lastre para nuestra realización personal al desmovilizar muchos otros recursos con los que hacer frente a ésta y otras situaciones existenciales.

Pero ¿qué pasa si no ponemos en marcha ese mecanismo rápido de recompensa para calmar la insatisfacción? Simplemente nos damos un margen más amplio de maniobra para permitirnos procesar tanto su origen como las emociones que hace aflorar, para reconocer lo que no funciona y, con ello, activar soluciones o herramientas nuevas (o incluso ya disponibles, pero de las que no somos del todo conscientes al enmascararlas adquiriendo ropa, comida, etc.), modificando así aspectos de aquello que nos desagrada (en el plano laboral, personal, etc.) y actuando sobre la raíz del problema.

Es más útil, saludable, y por supuesto más barato, resistirse a esos detonantes (así como encarar los conflictos que encubren) para actuar en consecuencia que satisfacerlos consumiendo, o a través de cualquier otro subterfugio.

7

Desmitifica: ninguna marca ni ningún producto son más únicos que tú

Por todas partes existe tal nivel de seducción, mitificación, incluso de mística, alrededor del consumo, y de diferenciarnos a través de él, que nos olvidamos de lo evidente: nuestro ADN es único, por tanto, cualquier ser humano (sea cual sea su extracción social, ideología, sexo, edad, gustos, etc.) es más especial que cualquier logotipo, servicio o producto, puesto que la mayoría de ellos están hechos en serie.

¿Acaso nos hemos planteado alguna vez de dónde procede nuestra fascinación por las marcas hasta el punto de considerarlas más únicas (o exclusivas) que nosotros mismos? El vocablo «marca» deriva de la palabra nórdica «marcar» que era lo que hacían los campesinos para separar sus terrenos y su ganado de los del vecino. Con los siglos, esas huellas distinguibles que delimitaban la propiedad privada evolucionaron a emblemas más elaborados, que se depuraron e incorporaron códigos pictóricos y comunicacionales.

Las marcas modernas del siglo XX poseen la misma función identificadora y portadora de aspectos significativos. Provienen de la Revolución industrial del siglo XIX, cuya producción en serie y posterior acumulación de *stock* dinamizó el comercio y la fabricación dando a los consumidores más acceso a las mercancías (a través de tiendas, servicios, etc.). Mientras, lo que antes estaba disponible para pocos se comenzó a realizar más masiva y diversificadamente para muchos. En esta coyuntura debían diferenciarse y reforzar su identidad para sobrevivir.

A principios del siglo XX, las personas empezaban a distinguirse por las marcas que elegían. Además, la publicidad y el marketing metabolizaron los movimientos contraculturales de los años sesenta y setenta para hacernos sentir que consumiendo somos más auténticos, incluso rebeldes. El psicólogo Geoffrey Miller, de la Universidad de Nuevo México, apunta que gran parte del placer que reporta este acto deriva del deseo inconsciente de que lo adquirido aumente o comunique mejor nuestras virtudes.

Las firmas lo aprovechan para crear una hiperrealidad de universos o estilos de vida sugerentes a los que nos invitan a participar, comprando. Y sus objetos producidos industrialmente incorporan atributos simbólicos; ya no sólo satisfacen un uso, sino que además construyen todo un imaginario capaz de trasmitir qué les diferencia de la competencia para generar un vínculo de beneficios sólido con sus clientes.[1]

Pero la realidad, por ejemplo en la moda, es que hoy muchas firmas de lujo producen en las mismas fábricas donde se manufactura el *low cost*; es habitual confeccionar fuera del continente parte de las prendas, o de los accesorios, y terminarlos en Europa. En Italia, en Riviera del Brenta (Véneto), doscientas fábricas de zapatos de calidad media emplean a mujeres marroquíes, bangladeshíes, rumanas y chinas (el 10 por ciento subcontratadas), algunas ilegal o semiilegalmente y hasta cuatro mil en casa. El 90 por ciento de los artículos se exportan a Alemania, Francia, Suiza, Rusia y China. Hay quinientas cincuenta firmas, entre ellas Armani, Prada, Dior y Louis Vuitton. Así obtienen la etiqueta europea.[2]

También en las regiones de Prato o Valdinievole (Toscana) se rematan accesorios, calzado de calidad media y de lujo que llega casi acabado de Asia. Es el mayor centro manufacturero de su tipo desde la pasada década. Casas famosas como Gucci, Ferragamo, Prada, Fendi, Louis Vuitton, Chanel, Dior o Céline operan allí.

De las veintisiete mil empresas que acoge, el 22 por ciento son chinas y hay un total de ciento cincuenta mil empleados (se da el caso de que en el proceso de teñido emplean a senegaleses). La calidad de los productos no es tan alta como afirman las compañías; los sindicatos apuntan que los costes laborales no llegan al 8 o 10 por ciento del beneficio de la venta, cuando en una firma artesanal de verdad rondarían el 80 por ciento.[3]

Ningún producto o servicio (sea o no lujoso) comunica mejor nuestra personalidad y nuestras virtudes que ellas mismas.

8

Tus posesiones materiales no te van a hacer sentir más seguro, ni te van a decir «te quiero»

Nuestras acciones dicen más de nosotros que nuestras pertenencias, más que el aspecto que tengamos, que las marcas que compremos, que el coche que conduzcamos o que el móvil, la tableta y el portátil que utilicemos.

Además, la riqueza y el dinero no crean felicidad *per se*; en 1974 la paradoja de Easterlin confirmó que el dinero influye en ésta hasta cierto nivel de renta, más allá, no se producen incrementos significativos. Otros estudios científicos muestran que gastar dinero en los demás puede hacernos más dichosos que si lo desembolsamos en nosotros mismos.[1] Incluso Michael Norton, de la Universidad de Harvard, afirma que el único capital que compra la felicidad, una vez cubiertas las necesidades personales, es el empleado con intención prosocial porque la generosidad nos hace felices.

Pero por miedo, acumulamos un montón de objetos que probablemente no usaremos. Ese «y si…» o ese «por si...», que nos repiquetean en la cabeza, hacen que compremos pensando en una posibilidad que igual nunca llega. O que en vez de adquirir un artículo, nos pertrechemos con dos o tres (por si se rompen, por si alguien más necesita, etc.). También hace que se queden con nosotros para siempre.

Es común que los padres y madres primerizos, como precaución a lo que les deparará su futuro retoño, acaparen todo lo que les recomiendan las revistas, los familiares, los sanitarios, los dependientes, etc., sin tener ni idea de si les servirá o no; incluso es muy probable que acaben usando una pequeña parte de todo. Y en una sociedad donde el miedo resulta un estímulo habitual, muchas veces nos lo inoculan (al otro, a envejecer, a quedarnos desfasados, a no gustar, a no ser lo que se espera de nosotros, a no encajar, al futuro, al presente, al cambio, etc.) para luego vendernos seguridad en forma de partido político, crema, ropa, móvil, sacaleches, o lo que convenga.

Sea lo que sea lo que nos depare la vida, tomar cualquier decisión, incluidas las de consumo, guiados por el temor no es lo más racional, ni recomendable. La sensación de control (también a través del consumo) es una falacia. No sabemos qué pasará, nadie lo sabe. Se actúa mejor desde la calma y la confianza. Tampoco está de más preguntarnos en estas situaciones: ¿qué temo?, ¿cuál es el origen de esta inseguridad?, para calmar esa sensación de forma más práctica.

Las posesiones no nos van a reportar más seguridad, no se van a preocupar por nosotros, ni nos mostrarán afecto, ni nos dirán «te quiero». Al revés, nos tendremos que ocupar de ellas: de mantenerlas, repararlas, de evitar que no las roben, de no perderlas, de asegurarlas, cuidarlas, de que las cuiden, de darles un espacio y de dedicarles tiempo, nuestra posesión más valiosa. El verdadero lujo.

Así que reservemos nuestro preciado tesoro para hacer aquello que nos reporte más felicidad (nos saldrá más barato) y busquemos protección o afecto en lugares más transformadores. Creemos vínculos sociales (con amigos, familiares, compañeros, etc.), participemos en redes de cuidados y de apoyo mutuo que mejoren nuestra vida, la de otras personas, la de nuestra comunidad, o la del planeta. No nos valoremos ni apreciemos a los demás por lo que poseen (o parecen tener), sino por lo que son y hacen.

9

No eres ni tus cosas, ni tu imagen

La publicidad y el marketing asocian determinados productos a ciertos grupos sociales reales o imaginarios a los que aspirar, o con los que identificarse. Consumiéndolos muchas veces creemos estar más en la onda, ser más fashionistas, *geeks*, *hipsters*, modernos, pijos, intelectuales, mejores progenitores, más *cool*, estar más aceptados, etc.

Tampoco es raro que acabemos usando algo porque parece que es omnipresente y que todo el mundo lo utiliza. Una percepción muchas veces creada, por ejemplo, a través del *product placement*, por el que las marcas colocan sus artículos en series o programas de televisión, o que filtran a través de *bloggers*, *youtubers* o *celebrities*.

También desde las páginas de las revistas femeninas y masculinas se aconsejan cada mes nuevos accesorios, prendas, cosméticos, frecuentemente asociados a famosos. Y a muchos periodistas o estilistas de esos medios, las firmas les agasajan con ellos (o con tarjetas de descuento) para hacer que los luzcan reforzando esa sensación de multiubicuidad.

Así, un día, sin pensarlo mucho, ni saber muy bien por qué, nos decantamos por lo que sea que esté en ese momento en auge aunque no nos favorezca. O elegimos unos cereales que vimos en una serie o en el desayuno de un *influencer*, sin plantearnos si son sanos, de dónde proceden o cómo se han cultivado.

No perdamos la perspectiva del mundo real obnubilados por sugerentes microuniversos infinitos, no hay ninguna multinacional que merezca más apoyo que la Tierra.

10

Replantéate las recompensas rápidas

La frustración o la sensación de vacío a veces nos llevan a darnos caprichos inmediatos, poco duraderos, que aplacan la agitación o que nos justifican vitalmente. Todos hemos lidiado alguna vez con sentimientos complejos, o nos hemos extenuado trabajando en un intento poco saludable de que nos validen, de ser productivos o de poseer determinados símbolos materiales de una supuesta «buena vida» que nos dictan las convenciones sociales, las compañías, los medios, etc. y que muchas veces suelen acompañar a una serie de rituales, como incorporarse al mercado laboral, casarse o tener descendencia.

Quizá hasta hemos aplacado en nuestra mente algún pensamiento que nos indicaba que esa carrera sin límites no nos reporta tanta satisfacción como habíamos pensado.

Elogiar la pereza en su justa medida y ser improductivos sin sentirnos culpables nos puede reportar una satisfacción mucho más trascendente de lo que imaginamos.

Sólo se vive una vez, relajémonos, olvidemos esa actividad que conduce a una acumulación material implacable que nos hace ser más vulnerables, manejables, unos consumidores más dóciles y ciudadanos más acríticos.

Los conflictos y las emociones poco gratificantes son parte de cualquier proceso humano personal o colectivo, aprendamos a gestionarlos de forma constructiva para que no nos controlen. La sociedad de consumo incluso nos anima a solucionar esas situaciones rápidamente con una simple pastilla; los ansiolíticos son unos de los fármacos más consumidos según el Ministerio de Sanidad.[1] En 2030 también lo serán los antidepresivos, porque se prevé que la depresión se posicione como la primera causa de incapacidad en todo el mundo. Pero ninguno de esos medicamentos resuelven las crisis económicas, ni los diversos dramas vitales. Sólo amortiguan algunos síntomas del sufrimiento, de la tristeza o de la angustia que provocan.

De esta forma, el problema parece resuelto, se agiliza la labor profesional médica y las farmacéuticas hacen caja con nuestros malestares irresueltos. Pero tal vez deberíamos preguntarnos qué hay detrás de estas afecciones en alza para comprender su dinámica y las realidades que las provocan, para tratarlas en profundidad. Porque aun teniendo en cuenta la predisposición de determinadas personas a padecerlas, su incidencia mundial y las llamativas cuotas de consumo de esos fármacos deberían llevarnos a reflexionar sobre si las condiciones de vida en nuestras sociedades supuestamente desarrolladas se han ido volviendo menos favorables para nuestra salud mental y física. Y si fuera así, en vez de consumir lo que sea, lo que procede es revindicar su mejora.

11

No te relaciones a través del consumo, él ya se relaciona entre sí

¿A menudo interactuamos comentando qué hemos comprado, qué pensamos adquirir, qué poseemos o qué tienen los demás? Considerar estas cuestiones ayuda a saber qué lugar ocupa el acto de consumir en nuestra vida y en la de quienes nos rodean.

Del mismo modo que algunas personas parecen relacionarse sólo a través de la queja porque únicamente comparten críticas, reproches o sinsabores (ya sean propios o ajenos) y carecen de más temas de conversación, con el consumo pasa algo similar. Si bien todos consumimos, y es un lugar común del que hablar, el hecho de que ocupe un papel protagónico en nuestra existencia tal vez sea un síntoma de que necesitamos nutrirnos de asuntos más relevantes para nuestro desarrollo personal o social.

Ahorremos palabras, espacio, tiempo y dinero, quienes fabrican nuestros productos (industrias, multinacionales, etc.) ya tejen redes de relaciones a muchos niveles. Un universo de poder e influencias que debería captar nuestra atención mucho más por cuánto nos acaba afectando, pero que a menudo se invisibiliza, o pasa desapercibido, pese a estar siempre presente tras el consumo y la producción.

Por ejemplo, los grandes agentes sectoriales de las industrias forman asociaciones locales, nacionales e internacionales con las que se organizan para defender sus intereses comerciales, presionando a los políticos y a las administraciones, haciendo *lobby* a su favor ante normativas laborales, fiscales, comerciales, sanitarias, ambientales, etc. En Bruselas existen más lobistas que en Washington porque las reglamentaciones más innovadoras social y medioambientalmente suelen llevarse a cabo en la Unión Europea, sirviendo a menudo de referencia a los demás países del mundo. Por lo que a muchos les conviene «placarlas» desde su origen.

Además, las estructuras de las grandes corporaciones mantienen otros vínculos interesantes. A través de la integración vertical unifican bajo un mismo dueño sus tareas (producción, transporte, procesado, elaboración, comercialización, distribución, etc.), algo muy habitual en la moda o en la alimentación. Y con la integración horizontal, venden diversos productos en diferentes mercados. Como Inditex, que posee varias marcas (Zara, Pull

& Bear, Bershka, Lefties, etc.) para diferentes públicos. O multinacionales como Unilever o P&G, operativas en la alimentación, en el hogar o en la cosmética.

Esas y otras transnacionales (como Coca-Cola, PepsiCo o Nestlé) copan las redes de distribución o comercialización, de lo regional a lo global, marginando así a competidores pequeños y medianos. Cómo no, patrocinan o colaboran con asociaciones, con instituciones públicas y privadas, así como con entes clave en las áreas donde desarrollan su actividad (profesionales, sanitarios, científicos, etc.), financiando congresos, foros, estudios, investigaciones o iniciativas culturales, entre otros. Con lo que su capacidad de influencia es aún mayor, más pública y notoria.

Y, por si fuera poco, buscan vincularnos emocionalmente a sus marcas, ser nuestras amigas, mientras se sirven de estrategias poco amigables para engancharnos a sus creaciones todo lo posible. Entre ellas, el llamado efecto Diderot de algunos bienes y servicios (cuya compra conlleva la de otros adicionales) o la obsolescencia programada (para que duren menos y adquiramos más). Amistades, cuando menos, sospechosas.

12

Pregúntate qué hay tras los bienes y servicios que piensas adquirir

La mejor forma de saber qué vamos a fomentar con nuestro dinero, y nuestro consumo, es conocer cómo se han fabricado los productos. Eso que nadie suele querer contarnos pero que aporta una información mucho más valiosa que ningún anuncio acerca de la verdadera voluntad de las compañías. Son sus actos y su forma de operar lo que las delata, no su publicidad.

Imaginemos que una camiseta cuesta 29 euros en la tienda, el 59 por ciento del precio (unos 17 euros) va a parar al minorista (el comercio), el 12 por ciento (más o menos 3,61 euros) son los beneficios netos de la marca. Un poco menos del 12 por ciento (cerca de 3,40 euros) son los costes de los materiales. Un 8 por ciento (algo más de 2,19 euros) es para el transporte. Un 4 por ciento (1,20 euros) va a parar al distribuidor. Algo menos del 4 por ciento (1,15 euros) es el beneficio de la fábrica en Bangladesh que la ha fabricado. Un 0,9 por ciento (0,27 euros) son los gastos generales. Y un 0,6 por ciento (0,18 euros) es lo que cobra la trabajadora que la manufacturó.[1]

Si tenemos en cuenta que en las multinacionales del sector textil, el minorista, la marca, el distribuidor, etc., suelen ser el mismo, por su integración vertical, el panorama es todavía menos redistributivo. ¿Es esto de veras glamuroso?

No sólo no lo es, sino que esta injusticia se repite en los demás sectores, por ejemplo, en el alimentario: si un agricultor de Alicante (o de la Vega Baja, Murcia) vende un kilo de limones a 24 céntimos para competir con los de Argelia o Marruecos, el mayorista lo ofrece a 0,78 euros y las grandes superficies, a 1,56 euros. Es decir, entre el campo y la mesa sube un 550 por ciento.

Con el pollo el incremento sería de aproximadamente un 57 por ciento, con la ternera de un 345 por ciento, con las anchoas y los boquerones de un 163,45 por ciento. En el caso de los gallos de un 132 por ciento, en el de los calabacines, un 269,77 por ciento, en el de las manzanas de un 215,25 por ciento y en el de las patatas, un 165 por ciento.[2]

Son porcentajes muy representativos de la desproporción que se da en el modelo productivo actual, y a la que podemos estar contribuyendo a diario, sin sospecharlo, premiando desigualdades que no deseamos. Pero afortunadamente no tenemos por qué, hay formas de consumo alternativas más justas y sostenibles.

13

Acostúmbrate a leer las etiquetas

Da pereza, en la mayoría de los casos están por mejorar y muchas veces sólo crean más confusión, pero leerlas es un hábito básico de la compra consciente, además de una fuente de conocimientos nada despreciable sobre nuestra querida sociedad de consumo. Su lectura afina el olfato en aspectos fundamentales, y aunque suene *freak*, incluso engancha, porque nos permite conocer algo sobre su trazabilidad, desde el origen de sus materias primas hasta que el artículo llega a nosotros.

Conviene hacerlo con todo tipo de artículos: comida, ropa, electrodomésticos, cosméticos, juguetes, productos para el hogar, etc. Es habitual que intenten maquillar los aspectos más negativos y resaltar los positivos (especialmente en la alimentación), por eso es aconsejable ignorar sus reclamos comerciales y centrarse en buscar datos concretos que arrojen luz sobre sus modelos productivos (por ejemplo, si es industrial, ecológico, artesano o de comercio justo), su origen (región, país), sus ingredientes y su aporte nutritivo, o bien sus materiales (naturales, sintéticos, acrílicos), su gasto energético (en los aparatos), su peligrosidad (en artículos domésticos, juguetes), etc.

En general, el *made in Bangladesh* de la etiqueta de una prenda supone unos sueldos diarios para las mujeres que la confeccionan de entre 1,67 y 3 dólares. Si está hecha en India, aproximadamente de 1,72 a 3,3 dólares, en Birmania 3,2 dólares, en China 5,82 dólares, en Turquía 8,40 dólares, en Camboya de 1,6 a 4,2 dólares, en Indonesia 7,2 dólares, en Moldavia 2,36 dólares, en Ucrania 2,66 dólares, en Rumania 4,43 dólares, en Bulgaria 4,60 dólares, en Serbia 6,30 dólares,[1] en México 7,7 dólares, y en Brasil 6,8 dólares.[2] ¿Nos gustaría cobrar eso en un día?

Algunos etiquetados son peliagudos, como la Nomenclatura Internacional de Ingredientes Cosméticos (INCI, por sus siglas en inglés), un listado obligatorio escrito en latín de los ingredientes del producto, ordenados de mayor a menor cantidad. Para decodificarlo es muy práctica la guía de bolsillo de la Red Ecoestética (descargable desde su web) con las sustancias acerca de las que existe consenso científico sobre su nocividad potencial, algunas también empleadas en la limpieza. Asimismo, la aplicación gratuita Ingred facilita su identificación haciendo una fotografía con el móvil al INCI, y también sirve para algunos artículos de alimentarios.

Con todas sus carencias, las etiquetas nos ayudan a cribar los productos o servicios más comprometidos socioambientalmente y a discriminar los más irresponsables (con abusos sanitarios, sociales, ambientales, culturales, políticos o económicos), que suelen ser los de corporaciones de gran capital (o negocios que emulan sus prácticas) que producen a escala, de forma intensiva, y que tienen la capacidad de especular (en precios, materias, trabajo y demás), almacenar, transportar y comercializar en países clave con apoyo implícito o explícito de los gobiernos, de las leyes o a través de subsidios. Estos poderosos agentes del mercado crean cada vez más bienes y servicios pseudosaludables, pseudosociales, pseudonaturales, pseudoecológicos, etc., algo así como el «mal menor» de su oferta, que añaden más ruido al mercado que soluciones reales. Estemos atentos.

14

Decodifica la certificación

Es cada vez más habitual que los productos y servicios lleven sellos avalando sus beneficios sociales o medioambientales para que los consumidores los puedan reconocer. Los hay ecológicos, de comercio justo, veganos, que informan sobre las condiciones laborales en el sector textil, sobre la ausencia de sustancias potencialmente tóxicas en los tejidos, etc. En mi web figuran los más habituales o solventes (en las microguías de mi libro anterior, por sector). Conviene conocerlos, pero no obedecerlos cual dogma de fe porque, aunque muchos son muy serios, otros no aportan nada en absoluto. Nuestra sociedad de consumo es así de plural.

El reglamento europeo ecológico engloba la agricultura, la ganadería y la acuicultura, y su sello es una hoja verde con estrellitas blancas. Además, cada país decide si la certificación es pública o privada (en la mayoría de los casos). En España se optó por un modelo público, o semipúblico, transferido a las comunidades autónomas; algunas lo mantienen de esa forma, aunque también hay regiones que se basan en certificadoras privadas.

Para auditar estos bienes «eco», los consejos reguladores de muchas comunidades (cuyo sello es un paisaje con un sol) siguen el modelo del vino y de las denominaciones de origen. En general, en todas las certificaciones se verifica presencial y documentalmente el manejo de las explotaciones, sus procesos, los insumos, los tratamientos fitosanitarios, etc. Los agricultores, ganaderos o empresarios pagan por registrar cada uno de sus diferentes artículos, un precio que varía según la zona y la certificación.

El problema es que muchas pequeñas empresas sostenibles no se los pueden permitir, pero no por ello son peores, incluso pueden poseer estándares de calidad más altos que los de la certificación. Del mismo modo, muchas grandes marcas lucen algunos de estos sellos en ítems excepcionalmente producidos de forma más responsable para mejorar su reputación frente a quienes les preocupan estas cuestiones, pero sin que esas estampitas impliquen que son compañías guiadas por criterios de sostenibilidad.

Así que, de momento, en nuestra mano está entrenarnos en esto de interpretar cada situación o producto. Asumamos estos certificados como una cuestión más a tener en cuenta, pero no la única y definitiva, confiando en que llegue el día en que no sean necesarios porque todos los artículos se fabriquen de forma justa y sostenible.

15

Sé cauto

Son muchos los que actualmente intentan marcarse el tanto de la sostenibilidad, pero pocos los que lo logran de verdad. Por eso abundan los *greenwashes* («lavados verdes» que las empresas usan para dar una imagen más sostenible de cara a la sociedad) en forma de artículos o colecciones ecológicas, cuando la mayoría de su oferta no lo es.

También hay *socialwashes* («lavados sociales» con el mismo fin), es el caso de las donaciones puntuales a causas solidarias, o de índole social, aunque realmente el negocio no se guíe por esos criterios. Dentro de estos, hay incluso diversas modalidades: los *healthwashes*, que simulan ser más saludables, como esos procesados en los que se reduce algo el azúcar o las grasas nocivas (o que disminuyen el tamaño de sus envases para aparentar que se bajan) aunque sigan siendo insanos. O los *pinkwashes* de marcas que «se tiñen de rosa», el color de la lucha contra el cáncer, pero cuyos productos contienen componentes o ingredientes potencialmente cancerígenos. Y hasta *feminiwashes* de artículos con soflamas feministas cuyas compañías o cadenas de producción luego no practican la igualdad de género.

El mejor «termómetro» para saber si nuestro consumo apoya una economía que posibilite el desarrollo y el bienestar globales es interesarnos por cómo producen las compañías, es decir, por sus modelos de negocio, no por sus excepciones. Para reconocer estos lavados de cara cuestionémonos si son casos particulares o su forma habitual de operar.

La sostenibilidad conlleva tres pilares: medioambiental, social y económico, si falla cualquiera de ellos en una empresa, un bien, un servicio, etc., no es sostenible, por mucho que se esfuercen en aparentarlo. Por ejemplo, muy excepcionalmente, Nestlé certifica como de comercio justo algún café, basando su publicidad sólo en esa diminuta rareza, pero no por ello es más ecológica o justa con sus proveedores. La reputada publicación británica *Ethical Consumer* la calificó como la compañía menos ética de los últimos veinticinco años.[1] O Endesa, que utiliza el cine español para presumir del uso de renovables, pero es la compañía más contaminante del país.[2]

Esto ocurre constantemente con firmas cosméticas que alegan ser naturales cuando la mayor parte de su contenido es de síntesis. Con productos de alimentación que denominan artesanales y resultan ser industriales. O con marcas de moda que hacen prendas con tejidos ecológicos pero con mano de obra explotada, o que lanzan campañas de reciclaje para reducir sus residuos mientras fomentan la cultura de «usar y tirar» persiguiendo objetivos de ventas cada vez más altos, como pasa en la *fast fashion*.

También se da en productos orgánicos o veganos elaborados que poseen ingredientes propios de los ultraprocesados industriales, como sucede con algunas hamburguesas, aperitivos, bebidas, etc. O en las frutas y verduras de grandes superficies, certificadas como ecológicas, que vienen de la otra parte del globo generando emisiones nocivas en su transporte y refrigeración.

El panorama está tan trufado de singularidades que ONG como Ecologistas en Acción conceden los Premios Sombra a la publicidad más engañosa. También CorpWatch creó hace más de una década la Green Wash Academy Awards, donde muchas petroleras han recibido trofeos. Y están los Public Eye Awards, los antigalardones a las compañías más irresponsables, votadas por sesenta mil usuarios y en cuyo Hall of Shame o Salón de la Vergüenza (parodia del hollywoodiense Hall of Fame) ostentan puestos de honor todopoderosas corporaciones como Chevron, Gazprom, Disney, Gap, Shell, Goldman Sachs, Barclays, Glencore, Novartis, Citigroup, Roche, Dow Chemical o Walmart.[3] Se impone la cautela.

16

No te canses de preguntar

Es una gran máxima del consumo responsable: preguntar, preguntar y preguntar. No sólo el saber no ocupa lugar, como dice el refranero, sino que nos posibilita tomar decisiones estando más informados y con mayor libertad.

Además, en las grandes cadenas, o superficies, cuando muchos usuarios realizan la misma pregunta suelen tenerlo en cuenta: ¿no tiene el cliente siempre la razón?

Así que además de ser cautos y leer las etiquetas, indaguemos amablemente, con la mejor de nuestras sonrisas y sin someter a nadie a un tercer grado, la procedencia de las frutas, de las verduras, del pescado o de la carne que pensamos comprar, su tipo de producción (industrial, ecológica), si en dicho comercio tienen productos a granel, si son de temporada o proceden de invernadero, cuánto ha podido cobrar el agricultor, o la manufacturera de la camiseta *low cost* (o de lujo) que deseamos adquirir, si los tejidos son sostenibles, si llevan sustancias potencialmente peligrosas, etc. Así, todos estos asuntos acabarán siendo más relevantes para las empresas y les obligará a tomárselos más en serio.

Una sana, y puede que hasta animada, conversación acerca de su oferta también elevará el nivel del servicio que recibimos. Se puede practicar en los comercios de barrio, en los mercados y en los locales de restauración. También podemos solicitar botellas de cristal o jarras de agua en vez de botellas de plástico, o interesarnos acerca de si sirven café, té, azúcar o cacao de comercio justo; o si podemos llevar la comida sobrante a casa, donarla, etc. Tomarán nota, quizá no mañana, pero sí cuando muchos hayamos hecho lo mismo.

Y aparte de a los agentes externos, no dejemos de preguntarnos a nosotros mismos: ¿realmente lo necesito? ¿Hay alternativas con menor impacto? ¿Me lo pueden prestar? ¿Lo puedo alquilar? ¿Cómo se fabrica o cultiva? ¿Quién? ¿Dónde?

17

Disfruta más, posee menos

Es muy factible consumir menos, tener lo necesario y vivir estupendamente centrándonos más en ser, hacer y relacionarnos que en poseer.

El consumo consciente es una manifestación más de toda una cultura de bajo impacto, hoy en alza, que no está reñida con la estética, ni el placer, ni con una bien entendida comodidad. No implica imponerse restricciones fanáticas, sino adoptar hábitos más saludables y una actitud más tranquila, o *slow*.

Esto puede suponer desde ajustar el aire acondicionado a menos de 24 grados porque ahorra a la atmósfera 900 kilos de CO_2 hasta evitar los envases de plástico y reutilizar botellas y bolsas (para no emitir unos 500 kilos de CO_2), o conducir 50 kilómetros menos a la semana (y no generar unos 450 kilos de CO_2), incluso lavar y planchar menos la ropa porque reduce las emisiones. Así que podemos relajarnos, nos desgastaremos menos y al planeta también.

Muchos artículos, además, se pueden elaborar más fácilmente de lo que imaginamos, y otros es posible utilizarlos sin necesidad de comprarlos, pidiéndolos prestados, alquilándolos, intercambiándolos, etc. Sobre todo si se van a usar en contadas ocasiones, como las herramientas de bricolaje, algunos enseres infantiles, indumentaria para eventos señalados, casas de veraneo, vehículos, etc.

Las prisas no son buenas consejeras, esos «no me da la vida», «no tengo tiempo» o «no me dan las horas del día» muchas veces nos hacen tomar malas decisiones para nosotros y para la Tierra. Pensemos si nuestro consumo nos consume la vida, además del globo, y si las próximas generaciones podrán disfrutar mejor de él, o si sólo les legaremos pisos, automóviles, bolsos, zapatos, *gadgets*, cosméticos, perfumes, comida prefabricada y todos esos supuestos símbolos de una felicidad (o de un éxito) que igual no lo son tanto si tenemos en cuenta los límites planetarios. Gandhi, que vestía una humilde túnica, dijo: «El mundo produce suficiente para todos, pero poco para la avaricia de algunos».

18

Lo verdaderamente importante no se puede comprar

Si lo reflexionamos bien, las experiencias que nos hacen crecer, desarrollarnos, madurar, que nos marcan positivamente para siempre, o que nos traen a la memoria los recuerdos más felices, en la mayoría de las ocasiones, no tienen que ver con el consumo ni con nada que se pueda adquirir, sino con acontecimientos o aprendizajes vinculados a lo bueno o malo que nos pasa y a cómo lo afrontamos. Lo importante no es lo que nos sucede, lo es la manera en que lo gestionamos.

Ni el amor, ni el tiempo, ni la alegría, ni la tranquilidad, ni la inteligencia ni el sentido del humor pueden alcanzarse con dinero aunque puedan guardar relación con cuestiones materiales. Si sólo nos quieren por lo que tenemos y no por lo que somos, o si sólo encontramos diversión, satisfacción o paz a través de la posesión, nos estamos privando de saborear muchas de las mejores vivencias que nos ofrece nuestro breve tránsito por este maravilloso mundo.

Desaprendamos las lógicas de mercado tóxicas que nos rodean vinculadas a un crecimiento y una riqueza infinitos, no midamos nuestra productividad cuantitativamente, sino cualitativamente. Pensemos que los verdaderos referentes de cada momento histórico (científicos, artistas, escritores, pensadores, etc.) han promovido conceptos, ideas, valores, transformaciones sociales y diversos legados que han contribuido a que la humanidad evolucione generando reflexión colectiva, conocimiento y conciencia, no consumo.

19

Cuanto más te conoces a ti mismo, menos consumes

Exploremos nuestro ser y nuestra relación con el planeta en mayor medida que las innumerables posibilidades de consumo. Cuanto más sabemos lo que necesitamos y qué nos conviene (física, emocional, psicológica, económicamente, etc.), más a gusto estamos con nosotros mismos, menos dependemos de la valoración externa, de los bienes materiales, de estar consumiendo, y menos sucumbimos ante cualquier reclamo de las diversas industrias.

También, cuanto más conocemos cómo funciona la naturaleza, más conscientes somos de la relación de interdependencia que mantenemos con ella y más nos decantamos por alternativas que le resulten positivas, entre ellas, consumir menos.

20

Busca alternativas sostenibles, suele haberlas (y no tienen por qué salir más caras)

Parece que sólo existe una única corriente de consumo, porque en general solemos recurrir a sus formas más convencionales o reconocibles, como grandes superficies, centros comerciales, tiendas, marcas, artículos o servicios anunciados.

Pero ahí fuera, en casi todos los sectores, hay otras fórmulas más positivas social y medioambientalmente, como las que se recopilan en la segunda parte. Alternativas que apenas se publicitan porque carecen de los suculentos presupuestos de marketing o comunicación de las grandes corporaciones y porque suelen dedicar todo su capital a ser sostenibles de verdad, en todos los aspectos, no sólo a parecerlo. Si se buscan, se encuentran.

Nadie nos obliga a cambiar ni a escogerlas pero, al menos, merece la pena conocerlas y familiarizarse con ellas para no quedar cautivos exclusivamente de lo que nos ofrecen los agentes más poderosos, e influyentes, del mercado.

A menudo son iniciativas o pymes con menos margen de beneficio pero más respetuosas con las personas, los animales y el entorno. Puede que no sean cien por cien perfectas (nada en este mundo lo es), pero tienen menos externalidades que la mayoría de las opciones más habituales.

Esos detonantes que hemos repasado, y la influencia de los mensajes que afirman que comprar barato es lo inteligente (como aquello de «Yo no soy tonto»), a menudo no nos ayudan a reflexionar más allá del precio. Por eso, ante algunas de estas posibilidades, una de las primeras reacciones es de desconfianza. Tranquilidad; quizá paguemos más por algún alimento concreto, pero ahorraremos lo mismo, e incluso más, al prescindir de muchos otros artículos (como numerosos cosméticos, productos de limpieza, combustible, etc.). Doy fe, como explico en el epílogo, que con un presupuesto normal es posible. Si lo meditamos bien hay mucho consumo que se puede minimizar, también ecológico.

Por supuesto, con los umbrales de precariedad contemporáneos de muchas familias sólo poner algo en la mesa, o pagar la luz, es todo un milagro. Pero para quienes no estamos en esa terrible situación (muchas veces vinculada a los abusos del modelo productivo actual) la economía doméstica no tiene por qué desbaratarse si se cuenta con la información adecuada y no se trasladan literalmente los hábitos del consumo convencional al consciente (clave 40). Todo es ponerse.

21

La economía no se irá a pique si comenzamos a consumir sosteniblemente

Muchos otros prejuicios también obstaculizan el aproximarse al consumo consciente, como que destruirán la fuerza laboral, que son un atraso tecnológico, que hundirán la economía, etc. No son ciertos. Se fomentarán más trabajos, innovaciones y actividades en sectores sostenibles y menos en los que no lo sean. Lo queramos o no, ya estamos en una transición hacia formas de consumir y producir más respetuosas que se debe planificar para que las personas, las empresas y los sectores sean parte del cambio y lo entiendan como algo beneficioso para todos.

Por mucho que el consumo vertebre el sistema económico, si mañana todos decidiéramos consumir menos y más conscientemente, esto no provocaría más paro, más catástrofes financieras ni más debacles de las ya existentes. Aunque es bastante improbable que ocurra así de fácil o rápido porque, como todo proceso de transformación, es algo progresivo.

Siempre que viene a cuento me gusta recordar una declaración que hizo Antón Costas (catedrático de economía aplicada, profesor en el departamento de política económica y estructura económica mundial de la Universidad de Barcelona y expresidente del Círculo de Economía) cuando le entrevisté para *Tu consumo puede cambiar el mundo* sobre si el tránsito a un consumo y una producción responsables sería algo factible:

> Sus valores acabarán por tener impacto en las preferencias de los consumidores y en las pautas de producción empresariales pero lento, por la inconsistencia entre la preferencia genérica a consumir bienes responsables y el rechazo a pagar más. Respecto del impacto en la economía real, hay alguna evidencia en países democráticos como Dinamarca que muestran que es posible reducir el uso de *inputs* con más impacto medioambiental en los procesos productivos sin afectar al nivel general de actividad económica, es decir, al PIB. Cambio desde la producción y el consumo que requerirá transferir recursos de capital y humanos, ahora empleados en actividades con impacto, hacia nuevos tipos de actividad o bienes sostenibles. Llevará tiempo, y planteará problemas de transición, pero a medio plazo no tendría por qué afectar al nivel agregado de inversión y empleo de las economías.[1]

22

Consume menos y mejor

Éste es otro mantra ineludible del consumo consciente. Supone reducirlo, priorizar lo realmente necesario y optar por los bienes o servicios sostenibles. Todos podemos contribuir desde nuestros diversos ámbitos, porque cada año, alrededor del mes de agosto, agotamos el presupuesto anual en recursos terrestres. Un déficit mucho menos visibilizado que el económico pero que innegablemente nos afecta.

En 2018, el informe *Emissions Gap Report*, del Programa de las Naciones Unidas para el Medio Ambiente, advertía que sólo nos quedan doce años para salvar el planeta del cambio climático.[1] Si no atajamos el problema ya las próximas generaciones no lo podrán resolver, sólo lo heredarán cada vez más exacerbado. Estamos en el tiempo de descuento para tomar conciencia definitiva y actuar con contundencia.

Las grandes corporaciones, las industrias más contaminantes, así como las administraciones, tienen más responsabilidad, puesto que su influencia e impacto es mayor. Las primeras pueden minimizar su uso de materias primas, agua, energía y fomentar un empleo de calidad. Y las segundas, deben actuar a través de sus políticas (fiscales, laborales, de salud, medioambientales, etc.) y con la compra pública responsable, por ejemplo, de alimentos sanos y sostenibles para los servicios públicos (un ahorro, además, en gastos sanitarios) o de aparatos de bajo consumo y de energías renovables para las instituciones (que rebajan también sus dispendios energéticos y las emisiones). Así, promocionarían ante la sociedad y el mercado las buenas prácticas que ayudan a alcanzar un desarrollo sostenible.

Nosotros, consumidores y consumidoras, también somos corresponsables a nuestro nivel. Los grandes cambios sociales siempre se lideran desde la sociedad civil, cuando la política asume esos mandatos acelera los procesos normalizándolos (como pasó con la prohibición del tabaco en determinados espacios, los matrimonios gais, etc.). Lo que hacemos sí importa, en vez de culpabilizarnos, lamentarnos o negar la degradación terrestre y social, actuemos. Nos va la vida, y la Tierra, en ello.

23

Rodéate de círculos virtuosos, la unión hace la fuerza

Cada vez más personas desean consumir sosteniblemente; en 2013 el estudio «From obligation to Desire» (de la obligación al deseo) apuntaba que los consumidores globales que unen estilo, estatus y responsabilidad social son ya 2.500 millones, un tercio de la población global, y redefinirán el consumo.[1]

Para ellos *the right thing to do* (hacer lo correcto) es *the cool thing to do* (hacer lo que mola). Calificados como aspiracionales, el 52 por ciento son mujeres, un 40 por ciento *millennials* (de 19 a 36 años), el 37 por ciento pertenecen a la generación X (nacidos de 1960 a 1980), un 34 por ciento son *baby boomers* (nacidos de 1946 a 1964) y el 29 por ciento *seniors*.[2] De media, tienen 39 años, el 49,4 por ciento compran por primera vez para su hogar, un 46,8 por ciento son padres de hijos o hijas menores de 17 años y el 59,1 por ciento viven en áreas urbanas.

En España un 73 por ciento de los ciudadanos ya toma decisiones de consumo por motivos éticos o de sostenibilidad, y un 62 por ciento cree que es una herramienta muy potente para cambiar el mundo. Pero incluso los más receptivos se enfrentan a barreras como la falta de información (un 60 por ciento), el precio (un 58 por ciento), la accesibilidad (el 54 por ciento) o la dificultad para encontrar empresas responsables (el 52 por ciento).[3]

Por eso es importante participar en círculos virtuosos con los que compartir información y prácticas, sobre todo cuando empezamos a familiarizarnos con otros hábitos; nos hará sentirnos menos raros y viviremos la experiencia como algo gratificante, porque las emociones y el acompañamiento son relevantes en cualquier proceso de cambio. Todo resulta más fácil si se participa en experiencias colectivas como grupos de consumo, mercados sociales, cooperativas de renovables, de telefonía, de movilidad, de banca. O si se frecuenta a otros consumidores responsables, no como si se trataran de una secta, sino para mantener un intercambio sano de ideas y experiencias.

También conviene acudir a tiendas concienciadas, conocer a los productores, artesanos, creadores, fabricantes o demás agentes. Muchas iniciativas sostenibles apuestan por la transparencia, lo cual nos permite ser testigos de sus procesos (de dónde vienen sus productos, servicios, cómo se hacen, visitar sus talleres, obradores, fincas, etc.)

y con ello evitar esa fetichización de la mercancía que generan el marketing y la publicidad sin mostrar la trazabilidad, los modelos de producción o sus abusos.

Todos estos conocimientos amplían nuestra cultura general, el radio de acción, el rango de elecciones, y agudizan nuestro criterio para escoger mejor entre las diversas posibilidades mientras nos revelan que, en esta era narcisista de exaltación del *selfie* y del individualismo estéril, existen formas de organización humanas más trascendentes que nos reconectan con la naturaleza, sus ciclos y los demás habitantes del mundo, un ecosistema común mayor que nosotros mismos y que la propia sociedad de consumo.

Consumir responsablemente no va a cambiar la macroeconomía mañana, ni los asimétricos tratados de libre comercio hoy, pero impacta en la economía real y en el medioambiente desde que se empieza a practicar, desarrollando y consolidando un tejido productivo sostenible y justo. Cuanta más masa crítica lo apoyemos, más se popularizará hasta convertirse en una forma habitual de consumo y desempeño empresarial.

24

No apoyes las malas prácticas, se cronifican

Como ciudadanos votamos sólo cada cuatro años, sin embargo, como consumidores tenemos más poder e influencia de lo que pensamos, ya que, a diario, con cada acción de este tipo le damos un voto de confianza a una cadena de producción y de abastecimiento de una compañía que quizá no lo merece porque está contribuyendo al abuso social, medioambiental, político, económico o cultural.

Podemos hacer del consumo una herramienta de transformación social y ambiental si apoyamos con nuestro dinero los productos y servicios de iniciativas que operan con buenas praxis. Recompensar a aquellos tras los que existe explotación laboral, infantil, de recursos, crueldad animal, deforestación, contaminación, discriminación, evasión o elusión fiscal o que hacen *lobby* en contra el juego democrático (entre otras injusticias sociales o medioambientales) sólo contribuye a perpetuarlas más, porque quienes los fabrican no verán necesario mejorar hacia conductas que pongan el bienestar de todos, y no sólo su lucro, en el centro del modelo productivo.

A los consumidores conscientes o aspiracionales que menciona la clave anterior se les considera hoy el potencial «punto de inflexión» del consumo global; el marketing los llama «participantes activos» o «mundiales» porque con sus acciones y hábitos son capaces de modificar el desarrollo, la producción y la venta de bienes o servicios. Dada la presión a la que someten a las empresas, hacen que éstas tengan que revisar y ajustar sus procesos para pasar a ser responsables con el medio ambiente y con la comunidad global. ¿A qué esperamos?

25

Sé creativo, ¡haz!

Propongámonos hacer; la acuciante falta de tiempo que padecemos nos lleva a recurrir a formas de consumo fáciles, relegando habilidades esenciales relacionadas con los cuidados a nosotros mismos, a los demás o a la naturaleza, como cocinar, reparar, coser, cultivar, relacionarnos, etc.

A las diversas industrias les vienen estupendamente nuestras prisas y nuestra falta de autonomía para así suplirlas vendiéndonos productos o servicios de usar y tirar: *fast fashion*, *fast food*, comida precocinada o procesada, aplicaciones para todo lo imaginable, desde pedir cualquier cosa a domicilio hasta ligar. Y aunque está bien que nos faciliten o agilicen ciertos procesos, volvernos dependientes de compañías que buscan exclusivamente su beneficio sólo porque hemos perdido capacidades, o por no sacar algo de tiempo para atender tareas vitales, nos convierte en criaturas más vulnerables, manipulables, menos libres de elegir y, sobre todo, menos soberanas respecto a nuestras vidas, ya sea comer potenciando nuestra salud, no adquirir más (pudiendo arreglar aparatos, ropa o enseres) o simplemente ser capaces de decidir qué queremos y cómo.

Consumir conscientemente implica ir más allá de la compra, también supone hacer lo que más nos motive (el pan, el almuerzo, los adornos de Navidad, una bufanda, un cosmético, un producto para el hogar, una mesa, un perfume, ir en bicicleta). Nos libera, nos empodera, nos vuelve menos dependientes de las empresas que quieren hacerlo todo por nosotros para cobrarnos por ello, también más resolutivos y creativos; nos permite ahorrar, opinar con criterio, valorar cómo se hacen las cosas y el tiempo, el esfuerzo o el dinero que requieren, así como apreciar más lo que poseemos.

El término *proconsumers* (prosumidores) se refiere a aquellos consumidores que además son productores, bien para uso personal o comercial. Conecta con el movimiento de los *makers*, *neocrafters*, *fabbers* o fabricantes digitales que evidencian la democratización y el acceso a la producción, controlando el proceso, apoyándose en la tecnología (impresoras 3D, *fab labs*, etc.) o haciendo sus productos con las manos (*handmade*), incluso en casa (*homemade*). No lo dudemos, hagamos.

26

Aplica la regla «Uno entra, otro sale»

Es muy sencilla: al adquirir algo nuevo deshagámonos de forma responsable de otra cosa de la misma categoría (donándolo, regalándolo, reciclándolo, etc.). Se puede aplicar a la ropa, a los aparatos electrónicos, al menaje doméstico, a los artículos de decoración, etc. Pero no a la comida, ni a los productos de higiene, personal o del hogar, que deberíamos consumir hasta su último pedazo, o gota. Es lo más respetuoso con los recursos naturales y el trabajo empleados en su fabricación.

Intentemos no postergar demasiado esta práctica, porque entonces puede que nunca la llevemos a cabo, y tratemos también de convertirla en un hábito automático que tener presente en el momento de la compra. Es muy probable que al aplicarla nos demos cuenta de que tal vez esa nueva adquisición no era tan necesaria, o que muchos productos que pensábamos tirar se pueden seguir aprovechando.

Es un saludable ejercicio de higiene material y mental que contribuye a autorregular el consumo, ahorra espacio, dinero, y nos conduce a reflexionar acerca de nuestras motivaciones, lo que poseemos, por qué acaparamos, sobre el valor y la utilidad de los artículos, cómo alargar su ciclo de vida o darles un mejor uso. Además nos invita a evitar el consumismo, a no acumular de más, a conocer nuestras necesidades reales y a elegir mejor.

27

Un pequeño cambio de hábitos al mes es suficiente

Al descubrir que existen alternativas de consumo más positivas y constructivas, a menudo entramos en una fase de toma de conciencia en la que desearíamos cambiarlo todo de inmediato, es el llamado ecoestrés.

No nos agobiemos, realicemos los cambios de forma consistente; lo importante no es hacer muchos de una vez, sino que se mantengan en el tiempo. Con uno mensual, en unos años habremos hecho varias decenas de ellos.

Tampoco se trata de tirar el armario por la ventana porque hemos descubierto los impactos de la moda convencional y que hay opciones sostenibles, ni comer todo ecológico de forma fanática. No hay que volverse locos, ni sustituir unos artículos por otros automáticamente, sino cambiar algunos hábitos, reducir el consumo y replantearlo mejor.

Empecemos por lo que nos resulte más cómodo, motivador, necesario, para lo que tengamos tiempo, conocimientos, o que conecte más con nuestro momento vital. Por ejemplo, minimizar el plástico, dejar de comprar artículos con explotación humana, infantil, animal, de recursos, etc. Podemos comenzar usando botellas reutilizables y al mes siguiente, bolsas de tela. Luego pasarnos a las energías renovables, o a la banca ética. Más tarde familiarizarnos con la cosmética ecoética (para cuando se acaben nuestros productos convencionales) e ir explorando las opciones que se repasan en la segunda parte.

Avancemos a nuestro ritmo, cuanto más profundos son los cambios más tiempo suelen implicar. Durante el proceso encontramos con quienes compartirlos, experiencias transformadoras que facilitan el camino y opciones más amables con las que alimentarnos, vestirnos, movernos o vivir, en definitiva, que es lo que hemos venido a hacer al mundo (no a consumir, a acumular y a acaparar).

Muchas alternativas son puro sentido común, consisten en desaprender la cultura del «usar y tirar», centrarnos en nuestras prioridades y no en las infinitas del mercado, porque además su supuesta libertad de elección suele verse reducida a unos u otros productos, cada cual con una cadena de producción más inquietante, pero no a una variedad de artículos y servicios verdaderamente justos y sostenibles.

Si un simple mosquito puede hacer que dormir resulte imposible, no ninguneemos el valor de nuestras aportaciones, por pequeñas que sean, para transformar el sistema a mejor. Como dice la célebre frase de Galeano: «Mucha gente pequeña, en lugares pequeños, haciendo cosas pequeñas, puede cambiar el mundo».

28

Huye de la supuesta comodidad, nos vuelve inútiles

Ese confort que nos venden las corporaciones merma nuestras capacidades y, lo que es peor, deteriora nuestra calidad de vida, porque acabamos comiendo procesados sin valor nutritivo para no cocinar, conduciendo coches que contaminan el aire y provocan millones de muertes anuales para no caminar, o usando aplicaciones para no movernos del sofá con las que hacer ejercicio, relacionarnos, conseguir víveres, etc. Y, paradojas de las sociedades supuestamente desarrolladas, al final somos hiperactivos pero sedentarios, estamos sobrealimentados pero insanos, hiperconectados pero cada vez más solos, seguros y al mismo tiempo indefensos, pasando a formar parte de las estadísticas del colesterol, de la obesidad, de la diabetes, de la soledad, de la depresión, de la ansiedad. Habituándonos, sin reflexionar, a formas de consumo (y a estilos de vida) que a menudo no son las más idóneas para nuestra salud, ni para nuestra existencia, ni para la sostenibilidad del planeta.

No seamos tan cómodos, ni nos encerremos en micromundos que nos vuelven más manejables. Relacionémonos, recuperemos saberes y habilidades que nos hagan más libres. Hay cierta comodidad que sólo beneficia a las industrias, pero la más interesante convierte la Tierra en un hogar confortable para todos.

29

Las energías fósiles están detrás de casi todo

La energía determina cada civilización, podríamos decir que es «la mano que mece la cuna» de cada época, porque quien la controla maneja buena parte del mundo.

En la Edad Media, la madera, los molinos de agua y de viento eran las principales fuentes energéticas, con la Revolución industrial lo fue el carbón. En la actualidad estamos aún bajo el imperio de los combustibles fósiles (carbón, gas, petróleo), no renovables, que además de ser la primera causa del cambio climático, reportan pingües beneficios, puesto que no sólo reinan en el sector energético sino en muchos más (hogar, cosmética, medicina, moda, agricultura, transporte, electrónica) gracias a la petroquímica, la rama de la industria que emplea gas natural y derivados del petróleo (etano, metano, pentano, propano, butanos, naftas, hexano, heptano, parafinas, etc.) para obtener productos químicos frecuentes en bienes cotidianos.

Muchos anuncios de perfumes, ambientadores, cosméticos, productos de limpieza, de alimentación, y demás, tienen que ver directa o indirectamente con ella. Su primera fase, la petroquímica primaria, se lleva a cabo en las más de seiscientas refinerías que hay en el globo, cuyos residuos físicos y aéreos son muy tóxicos. La petroquímica secundaria transforma esos subproductos en insumos para diversas manufacturas (etileno, propileno, benceno, tolueno, xileno, etc.). Algunos nos resultan muy familiares, como el amoniaco destinado a la limpieza, la acetona usada para quitar el pintauñas, el ácido salicílico utilizado en medicina, la parafina de las velas o los plásticos como el PVC y el poliestireno, destinados a la construcción o a los envases.

Pero otros son grandes desconocidos, pese a que entremos en contacto con ellos casi a diario. Es el caso del acetato de celulosa (de las boquillas de los cigarros), el anhídrido carbónico (de los refrescos con burbujas, de los aerosoles, fertilizantes o tintes), los acrilatos (de los textiles, pinturas, adhesivos, electrónica, colorantes, fertilizantes, resinas, automoción o enseres domésticos). El nonilfenol, utilizado en la moda y en la limpieza. El butanol, destinado a disolventes y pinturas. El fenol, aplicado al nailon y demás fibras sintéticas. El formaldehído, empleado en lacas de uñas, en desinfectantes, en fungicidas y hasta en los preservativos. O los glicoles etilénicos, omnipresentes en películas fotográficas, bolsas, envases, tanques, juguetes, tuberías, mangueras, cables, recipientes, aislantes, vasos, platos, botellas, discos, telas, llantas, cremas, etc.

Esta industria es una de las máximas responsables de la contaminación ambiental, no sólo por sus vertidos y emisiones, sino porque muchos de estos productos los acabamos inhalando, ingiriendo o poniéndonoslos sobre la piel. Los científicos han constatado que en nuestro torrente sanguíneo existen centenares de sustancias exógenas, es decir, que nuestro cuerpo no ha creado y que provienen del entorno, diseñadas con un fin concreto (matar insectos, hierbas, lubricar, retrasar la ignición, ser antiadherentes, etc.) y que generan todo un azar en de cada uno de nosotros, ya que a veces su química colisiona con nuestra química natural. Un reto para nuestro organismo, porque su vertiginosa creación en muchas ocasiones supera los mecanismos de adaptación biológicos.

Además, se ha demostrado en numerosas ocasiones que algunas son nocivas para la salud humana y medioambiental. De muchas se sabe, por decenas de miles de estudios científicos, que son disruptores endocrinos. De otras, hay investigaciones que las vinculan al cáncer, malformaciones, alergias, infertilidad y a otros problemas de salud. Y los efectos de ese «cóctel químico» que depositan en nuestro organismo aún no se han estudiado porque sólo se tienen en cuenta en dosis individuales.

Este sector lucha con todos sus recursos (económicos, legales, políticos, de *lobby*, puertas giratorias, etc.) para no perder su actual hegemonía y retrasar la inevitable transición a las energías renovables y a las sustancias basadas en la química «verde», más limpias y menos nocivas. ¿Queremos empoderarlo aún más?

30

No escatimes en tu bienestar real

Hay momentos en los que tenemos las prioridades algo alteradas, somos capaces de no comprar unos tomates orgánicos, o un chocolate de comercio justo, sólo porque son unos céntimos más caros, pese a que son mejores para la salud, para los productores o para la Tierra. Y, en cambio, podemos gastarnos sin chistar 1.500 euros en un móvil, o 120 euros en unas zapatillas (con su más que probable explotación humana e impactos ambientales), cuando nutrirse bien es la base de nuestra salud.[1]

Hipócrates dijo aquello de «que tu medicina sea tu alimento», pero la industria alimentaria, pese a sus revoluciones verdes o genéticas, no nos nutre mejor. Cada día mueren de hambre aproximadamente 25.000 personas (cuando hay comida de sobra para evitarlo),[2] y la obesidad afecta a más de 1.000 millones de habitantes y mata a 2,6 millones en los países ricos, donde la mitad de la población tiene sobrepeso.[3]

Además, una de cada cinco muertes están relacionadas con comer mal (exceso de grasas animales, sodio, azúcares), que provoca más fallecimientos que el tabaco.[4] Y la Organización Mundial de la Salud alerta de que la industrialización hace que el 80 por ciento de las enfermedades deriven de una alimentación errónea o contaminada.

Esta industria también es responsable de entre el 44 y el 57 por ciento de las emisiones de gases de efecto invernadero[5] y abusa de los insumos industriales, herbicidas, etc., hasta el punto de que una simple pera puede contener 49 pesticidas.[6]

El primer Objetivo de Desarrollo Sostenible de la ONU para 2030 es acabar con el hambre, meta que incluye la alimentación sostenible para ser alcanzada. A finales de 2018, la prestigiosa revista médica *The Lancet* publicó el informe «Alimentos, planeta y salud. Dietas saludables a partir de sistemas alimentarios sostenibles», elaborado durante tres años por el *think tank* noruego EAT y una comisión con 37 científicos de 16 países, donde se recoge que la dieta más saludable y sostenible es eminentemente vegetal, con unos 300 gramos de carne semanales (en España consumimos 250 gramos al día).

Además, es la única forma de dar de comer a los 10.000 millones de habitantes que seremos en 2050, para lo que el consumo mundial de frutas, vegetales, frutos secos o legumbres debe duplicarse, y el de azúcar y carne roja disminuir a la mitad.

No sólo nutrirnos bien redunda en nuestra salud y en la del planeta, también evitar los productos con ingredientes potencialmente dañinos (de cosmética, limpieza, etc.), practicar la movilidad activa (cada kilómetro a pie reduce un 5 por ciento la posibilidad de sobrepeso, y cada hora en coche la aumenta un 6 por ciento),[7] contratar renovables (que limpia el aire y evita millones de muertes por su mala calidad),[8] entre otras muchas opciones responsables que crean un bienestar personal y global real. Consumir de forma sostenible nos beneficia a todos.

31

Tu salud y la del planeta están unidas

Lo que le daña a él nos afecta a todos porque estamos intrínsecamente relacionados. Al contaminarlo nos intoxicamos y al expoliarlo de sus recursos arrasamos con nuestro hogar, así como el de las siguientes generaciones. Por eso cuando se anima a consumir conscientemente no sólo es por razones ambientales, de conservación terrestre o de justicia social, también porque lo que es más saludable para el globo suele serlo para nosotros.

Es el caso de una dieta con poca proteína animal, que previene enfermedades cardiovasculares, obesidad, etc., y contribuye a disminuir el cambio climático porque la ganadería industrial emite más gases de efecto invernadero que el sector del transporte, y es una de las principales causantes de la degradación del suelo y de los recursos hídricos.[1] Para producir un kilo de vacuno se emplean unos 15.000 litros de agua (las legumbres sólo requieren alrededor de 800 litros) y muchos kilos diarios de vegetales o cereales que podrían destinarse a alimentar a otras personas.

También optar por alimentos agroecológicos evita que ingiramos los múltiples pesticidas y herbicidas que usa la agricultura industrial; al mismo tiempo, su cultivo no contamina el aire, el suelo, el agua, ni abusa laboralmente de los productores.

No es un capricho consumir moda sostenible, la industria textil es la segunda más contaminante del mundo tras la del petróleo y ese tipo de prendas respetuosas se preocupan por quienes las fabrican, por el bienestar animal, tienen una huella ambiental menor y también menos sustancias sospechosas que entran en contacto a diario con nuestra piel provenientes de sus acabados o de su fabricación.[2]

Por eso no es una frivolidad elegir productos de limpieza, higiene o cosmética natural y ecológica que minimizan los elementos potencialmente nocivos, los envases, los elevados gastos hídricos, de recursos y la explotación de estas industrias.

No es banal cambiarnos a las finanzas éticas (bancos o seguros), al contrario, es obvio que no deseemos que nuestro dinero, o ahorros, se inviertan en actividades perjudiciales para la sociedad o para el medioambiente.

Ni es superfluo contratar o autoconsumir energía solar, la fuente limpia que usan prácticamente todos los seres vivos. O movernos con medios de transporte más sostenibles, que contribuyen a reducir de partículas tóxicas el aire que respiramos.

Como tampoco lo es construir con materiales naturales, locales, renovables, de bajo impacto, sanos y con consumos energéticos casi nulos, como las casas pasivas y la bioconstrucción, que evitan los impactos socioambientales que genera mucha de la arquitectura convencional. Alternativas de consumo responsable que tenemos a nuestro alcance en mucho sectores, junto a muchas otras más. Cuidando del mundo, nos cuidamos todos.

32

Sé selectivo, ordena tus prioridades a tu favor

El mundo nos necesita despiertos, reflexionado y actuando, no consumiendo sin criterio.

Informémonos lo mejor que podamos para que nos líen lo menos posible al elegir. Y si la alimentación es la base de nuestra salud, cuidémosla muy bien mientras exigimos a las administraciones y a las empresas que la comida sana y sostenible esté al alcance de todos.

Releguemos el consumo de todo lo demás a un plano secundario, decantándonos en la medida en que lo necesitemos (y las conozcamos) por alternativas de consumo sostenibles en cada sector que supongan una transformación social y medioambiental positiva y que, por supuesto, encajen con nuestras circunstancias.

Es más importante pasar tiempo de calidad en actividades relevantes que ocupar horas que no volverán viendo escaparates, merodeando por centros comerciales o contemplando absortos el último vídeo viral. Nada de eso es esencial ni nos mejora de manera sustancial, en general entretienen de forma muy superficial y empobrecen nuestras relaciones, desconectándonos de experiencias vitales y alejándonos de lo que podríamos estar haciendo si desarrollásemos todo nuestro potencial.

Dejémonos seducir lo justo por los reclamos de las marcas; a muchas grandes compañías e industrias les resulta muy rentable nuestra fascinación o ensimismamiento con el consumismo que generan (y que trabajemos duro para pagar sus productos y servicios) mientras van influyendo en las leyes, en los políticos o en la toma de decisiones determinantes que les son más favorables y que pueden afectarnos a nivel laboral, sanitario, fiscal, etc.

A menudo, cuanto más acríticamente consumimos, más poder le damos a muchas multinacionales y élites hasta los límites insostenibles que algunas han alcanzado ya. Es como dar de comer a un mimoso *gremlin* después de medianoche: se transforma en un ser maligno y depredador.

33

Sé frugal, no austericida

El *Diccionario* define la frugalidad como la templanza o parquedad en la comida y en la bebida. Es decir, la moderación económica y prudente en el uso de las cosas, la sobriedad. En la actualidad, y gracias a la popularidad de fenómenos mediáticos como Marie Kondo, se asocia a cierto minimalismo que reivindica vivir con lo imprescindible que nos hace felices, pero también puede llegar a vincularse a un ahorro extremo, desmedido o a restricciones severas, cuando no es así.

Hay infinitas formas de acometer esa simplicidad que varían según las personas, los lugares, los niveles de ingresos, etc. Pero ninguna implica posturas extremas, sobrevenidas o impuestas como resultado de la precariedad económica (de recortes salariales, servicios públicos, etc.), que sería más bien un austericidio: una privación que hace peligrar la sostenibilidad de la vida, que no permite una existencia digna, ni genera valor para uno mismo o para los demás.

La frugalidad es sostenible y deseable, el austericidio no. Un consumo frugal le viene bien a la Tierra y al bolsillo, supone una búsqueda de valor voluntaria para cubrir las necesidades con sencillez en un equilibrio que nos permita vivir bien a todos. Implica entender que el consumo es una actividad que compromete recursos propios y ajenos, pero también energía, agua, tiempo y trabajo.

Ir de compras con esta actitud sería casi una estrategia de emplear cada euro en lo realmente importante. También se manifiesta en conductas diarias como reciclar, no desperdiciar, ahorrar, administrar bien (agua, luz, alimentos, productos) o reparar antes que reemplazar (ropa, muebles, aparatos).

Exprimir la última pizca de la pasta de dientes es frugal, también hacerla en casa (se tarda cinco minutos), pero no tener ni para comprar dentífrico (o cualquier bien de primera necesidad) es austericida.

En otra escala de consumo, habitar una casa diminuta con lo mínimo posible (como la moda actual de las *tiny houses*) es frugal, si es que queremos vivir así. Pero si acabamos en una porque nos lo impone la gentrificación, la especulación inmobiliaria, del suelo, o los bajos sueldos, es austericida.

También es frugal recurrir a plataformas colaborativas para poder disfrutar de bienes sin tener que comprarlos (herramientas de bricolaje, vehículos, casas, etc.), pues ahorra recursos planetarios. Pero si provocan competencia desleal, precariedad laboral, privatizan servicios públicos o no pagan impuestos allí donde operan, es austericida.

La frugalidad suele tener una contrapartida positiva, el austericidio no. Ser frugales con la comida (si es sana) revierte en nuestra salud. Serlo con nuestra posesiones, nos ahorra tiempo (en limpiar, ordenar, decidir) para dedicarlo a tareas más gratas. Serlo con la tecnología puede ayudarnos a interactuar más, a aprovechar recursos de la comunidad, incluso gratuitos: parques, conciertos al aire libre, senderismo, ciclismo, bibliotecas, ludotecas, etc. Pero la austeridad que aboca a muchas personas a reducir drásticamente su consumo por encontrarse al borde de la marginación o de la exclusión social no es frugal, es cruel.

34

No le hagas al planeta (ni a sus seres) nada que no desees que te hagan a ti

La regla de oro de la ética reza: «No hagas a los demás lo que no quieras que te hagan a ti». El modelo productivo actual genera múltiples bienes y servicios manchados con diversas formas de abusos a personas (incluso menores), a animales, o de recursos naturales. Y hasta puede que estemos alentándolas con nuestro consumo. Procuremos no contribuir a ello, sino a un cambio.

Sin duda, nos disgustaría cobrar sueldos míseros por trabajos extenuantes en condiciones inmundas, con jornadas interminables. Además atenta contra muchas leyes y convenciones. Probablemente nos entristecería en profundidad que echaran a perder el agua o la biodiversidad de la zona donde vivimos, crecimos o nacimos. O que nuestra comunidad se viera desplazada por la siembra de monocultivos y descubriéramos que nuestra soberanía alimentaria peligra porque en nuestra región se fomenta una agricultura de exportación en detrimento de los policultivos tradicionales que nos habían dado siempre de comer, como sucede en la agroindustria.

Tampoco nos entusiasmaría que diversos sectores nos trataran como meras mercancías, como se hace a menudo con muchos animales sin tener en cuenta que son seres sintientes. Imaginemos lo terrible que sería nuestra existencia si durase lo que tarda nuestra carne o nuestra piel en serle útil a otros. O que nos matasen cuando ya no diésemos más leche, ni pusiéramos más huevos, cuando acabasen de probar productos en nuestro cuerpo (ojos, piel, órganos reproductores, etc.), o tras hacernos inhalar sustancias para testar productos de limpieza, higiene o cosmética (cuando existen pruebas que nos podrían ahorrar esa tortura). No somos la única especie de globo, todas somos necesarias y tenemos derechos que deben coexistir.

Por eso, tan importante es cuestionarse todo, reclamar información y saber qué hay detrás del tipo de consumo que estamos favoreciendo, como conocer alternativas para no quedar a merced de artículos teñidos de tragedias o malas praxis con los que no comulgamos y que no generan un desarrollo sostenible, sino un deterioro insostenible.

Se puede producir sin explotación humana, animal ni medioambiental, muchos lo hacen. No tienen los márgenes de beneficios de las grandes corporaciones, ni sus tamaños mastodónticos, ni invierten tanto dinero en publicidad, pero proveen honesta y humildemente a muchos consumidores en casi todas las áreas, haciendo posible lo que aquellas nos dicen que es imposible, incluso contagiando al mercado de buenas prácticas.

Hasta la libertad ilimitada que defiende la economía neoliberal debe acabar donde empieza la de los demás. El sufrimiento humano, animal o el expolio terrestre no debe estar supeditado al beneficio económico, al consumo o al ocio.

35

Consumir conscientemente puede ahorrarte dinero y quebraderos de cabeza

Pese a todos los prejuicios existentes para no practicar un consumo responsable, resulta que si nos lo montamos bien, una vez nos hayamos organizando, nos ayuda a ganar espacio físico, mental y a optimizar nuestro dinero, mejorando así nuestra calidad de vida.

En primer lugar porque dejamos de consumir una cantidad considerable (que no sospecharíamos) de artículos innecesarios, con el gasto y el tiempo que implican, como ropa que nunca deberíamos haber comprado, cosméticos de todo tipo o productos de limpieza para cada superficie. Además, podemos ahorrar en combustible, en energía y en agua; incluso hay opciones, como los seguros éticos (clave 59), que pueden salir más baratas.

También se reorganizan mejor las prioridades si enfocamos el presupuesto hacia lo realmente importante y necesario. En general, éste no se desbarajusta si no hacemos una traslación literal del consumo convencional al consciente y si ponemos de nuestra parte, cocinando por ejemplo (claves 40 y 52).

A medio y largo plazo simplifica nuestra vida, aunque al principio (y hasta que nos adaptemos a otros hábitos o rutinas) es probable que no lo parezca, porque habrá que replantear algunas compras, explorar opciones y familiarizarse con ellas. Pero se acaba gastando menos o lo mismo redistribuido de forma más constructiva, consumiendo una menor cantidad de artículos absurdos, centrándonos en lo que nos conviene, sin darles más importancia de la necesaria y con la conciencia algo más tranquila de estar colaborando en ser parte de la solución, no del problema.

36

La obsolescencia programada también está en ti

Este término es tan enrevesado como su cometido, consiste en planificar la vida útil de un bien o servicio por un periodo de tiempo calculado por el fabricante con el propósito de que tengamos que reemplazarlo antes (y así vender más), lo cual multiplica la demanda de recursos planetarios, de nuestra tarjeta de crédito y nos inunda con más residuos.

En 1932 Bernard London defendió que la obsolescencia programada se estableciera por ley para potenciar el consumo, y aunque nunca se llevó a la práctica, Clifford Brooks Stevens la retomó en los años cincuenta a propósito de la fe en un crecimiento ilimitado. Para aplicarla, durante la fabricación se ponderan decisiones (de diseño, abaratar materiales o incluso programar componentes) para que duren un plazo determinado. Una mala praxis que en Francia, donde actualmente tienen la legislación mundial más avanzada en la materia, está penada con multas, incluso con penas de prisión.

Y, aunque la asociemos a la tecnología, existe en muchas otras industrias. Las primeras medias de nailon eran irrompibles, pero con los años se han ido volviendo más frágiles para que haya que renovarlas más a menudo. Pasa lo mismo con muchos utensilios domésticos, muebles, componentes, cuya calidad es inferior a la de hace unas décadas y, por tanto, también su durabilidad.

Por si fuera poco, existe la obsolescencia programada percibida, que Brooks Stevens definió en 1954 como: «El deseo del consumidor de poseer una cosa un poco más nueva, mejor y un poco antes de lo necesario». Y esta mentalidad de comprar algo no cuando se estropee sino por las mejoras que supone respecto a sus versiones anteriores ya está inoculada dentro de todos nosotros, nos la incentivan la publicidad, el marketing o las modas pasajeras en todos los sectores (textil, tecnología, decoración, cosmética, automoción, etc.). En nuestra mano está desprogramarla cuando sea oportuno.

37

Educa a no usar el consumo como un subterfugio

En ocasiones intentamos suplir con cosas materiales las demandas emocionales de los más pequeños, que sólo se cubren con tiempo de calidad o atención. De esta forma les incorporamos, poco a poco, a un universo de consumo en el que puede que nada sea suficiente porque tal vez siempre haya algo más, que en el fondo no satisface sus verdaderas necesidades, puesto que sólo enmascara la falta de afecto, cuidados o emociones que no les hemos ayudado a saber gestionar mejor.

La gran mayoría de las conductas de los adolescentes se gestan durante su infancia y a menudo aprenden del ejemplo, positivo o negativo. Son un reflejo, en parte, del entorno que les rodea, de sus amigos, de los mensajes que reciben en la escuela, la familia, los medios, los juegos, las series, los vídeos, la publicidad. Tan difícil es la crianza como dar ejemplo en un mundo de una incoherencia supina, pero no nos queda otra que enseñarles a alimentarse bien, a proveerse de lo que necesiten y a escoger adecuadamente. Lo mejor es que lo aprendan con nosotros.

Por eso es interesante minimizar formas de ocio basadas en consumir, como los centros comerciales, las salidas donde la diversión se basa sólo en comprar, las grandes fiestas de cumpleaños con decenas de invitados para niños de cuatro o cinco años, los carros de la compra repletos de productos anunciados en televisión, o los referentes materialistas reales o de ficción.

Ayudémosles a adaptarse a los cambios manteniendo sus valores e identidad salvaguardados, a saber qué fomentan con sus elecciones, sean del tipo que sean, a lidiar con sus frustraciones encontrando propósitos más elevados que el consumo, dedicándose a aquello para lo que se sienten útiles y que les realiza como los individuos únicos que son. Será un legado que les acompañará mucho más tiempo que la mayoría de sus bienes materiales, y también cuando nosotros nos hayamos ido.

38

No sermonees a los que no consumen como tú

Respetemos los procesos de todos, ya sean (o seamos) consumidores conscientes, medioinconscientes, inconscientes del todo, veganos, vegetarianos, flexiveganos, etc. Es lo mejor para convivir en paz con la familia, los amigos, los compañeros de trabajo y la humanidad en general. Sobre todo, para seducir con el consumo responsable a medio y largo plazo.

Cuando se empieza a ser más sostenible consumiendo, existe la gran tentación de dar la tabarra a los que no lo hacen igual. Es mejor evitarlo, sólo provoca el efecto contrario al pretendido. En la mayoría de los casos genera más rechazo, aversión, incluso más resquemor que inspiración siendo contraproducente pese a las buenas intenciones y enrocando más a quienes se deseaba convencer abocándonos a un intercambio estéril e incluso surreal.

Si percibimos cierto interés, como mucho, compartamos la información que nos ha llevado a consumir de otra forma y las alternativas, recursos o herramientas que más nos convencen, que usamos nosotros u otros. No hace falta explayarse, sólo facilitar.

Pero si no hay receptividad, es mejor ahorrarse la explicación para una mejor ocasión (si la hay...), evitarnos sinsabores o escenas extrañas. Y si un buen día nos encontramos en una situación donde se percibe un ambiente muy favorable, más que intentar convencer, se impone reflexionar colectivamente, inspirar y empoderar compartiendo buenas prácticas, cómo afrontar los inconvenientes y acercar nuestra experiencia. No generemos miedo (aunque sea una forma de manipulación muy extendida con la que muchos ganan votantes o consumidores), infundamos confianza, es una herramienta más poderosa y también contagiosa.

Con esta estrategia administramos mejor nuestro esfuerzo, disfrutamos más de nuestra transición y de la de los demás. Hay planteamientos que se rigen por la ley de la gravedad, según la cual las cosas caen por su propio peso. El consumo consciente es uno de ellos, tarde o temprano, la persona más escéptica ayer puede acabar siendo el consumidor o la consumidora más sostenible pasado mañana. Y, si ese afortunado día también llega pero lo practica por motivos diferentes a los nuestros, tampoco abramos la boca. Da igual las razones por las que se toma la decisión de actuar con un impacto positivo en el planeta, en las personas y en la propia vida, mientras se haga de manera efectiva. Los cambios son lentos, pero a menudo también muy sorprendentes.

39

Sáltate las reglas de vez en cuando

El fanatismo no es positivo en ninguna de sus versiones, por eso aplicar el consumo consciente hasta sus últimas consecuencias puede sumirnos en una desidia que no es motivadora para nadie, y que terminará por agobiarnos o hacer que desistamos.

Aceptemos que el mundo es imperfecto y que está lleno de incoherencias, al igual que nosotros. De vez en cuando nos veremos babeando ante aquel bollito con aceite de palma que solíamos devorar antes de saber sus impactos en nuestra salud y la deforestación que causa, arrasando comunidades o abrasando poblaciones enteras de animales. O aterrizaremos en una gran superficie para hacer la compra porque era el único sitio disponible. No pasa nada, la vida es así.

Puede ocurrir que para ir al grupo de consumo tengamos que coger el coche, o que nos salga más barato el avión que el tren en las próximas vacaciones, que pretendíamos que fuesen lo más sostenibles posible. O que nos planten un plato de cordero en una boda cuando ya advertimos que preferíamos un menú vegetariano. Gestionemos todas esas situaciones (y las que puedan venir) con filosofía, flexibilidad e incluso sentido del humor, como parte de un aprendizaje de realidad y de tolerancia.

Lo importante es ser conscientes de qué opciones son las más saludables, comprometidas y justas para optar por ellas siempre que podamos. Y si nos queríamos dar un capricho tampoco nos flagelemos. Eso sí, para saltarse las normas primero es mejor conocerlas...

Segunda parte

Qué consumir por nosotros y por el planeta

No hay una receta mágica y unívoca para consumir conscientemente, hay tantos caminos como personas y circunstancias vitales. Esto implica, sobre todo, que el mercado ya no nos guíe, sino que seamos nosotros los que nos orientemos dentro de él hacia el bienestar personal y global adaptando las fórmulas existentes a nuestra situación.

En la naturaleza todo está relacionado, su objetivo es la sostenibilidad de la vida y se alcanza a través de la cooperación. Sin embargo, la meta de la economía actual es la acumulación de capital que se consigue compitiendo unos contra otros. Cuanto más rico es un país, más consumen sus habitantes, y cuanto más lo hacen, mayor es su huella en el globo. Entre el 60 y el 80 por ciento de esa huella proviene del consumo de los hogares. Cambiar nuestros hábitos tiene un efecto drástico, pero el 80 por ciento de esos impactos no son directamente atribuibles a los consumidores, sino que son secundarios, es decir, derivados de las diferentes industrias que fabrican nuestros bienes, sus sistemas productivos los crean.[1] Por eso es importante saber qué estamos fomentando con nuestro dinero y nuestro consumo.

Existen maneras sostenibles (social, medioambiental y económicamente) de producir en casi todos los sectores, que impulsan otras reglas de juego más simétricas, descentralizadas, plurales y equitativas, también de distribución, de comercialización o de consumo. Son productos y servicios tras los que hay historias de justicia social y medioambiental que ponen en valor la agricultura sostenible, el mundo rural, la artesanía, la biodiversidad, las energías renovables, las pequeñas y medianas empresas, etc., al plantear soluciones reales a las disfunciones actuales.

Sus lógicas son colaborativas, democráticas, crean redes de aprendizaje y apoyo colectivos, con cadenas de valor que redistribuyen la riqueza de la actividad entre todos los agentes implicados en la misma, ahorran distribuidores e intermediarios y, sobre todo, poseen un efecto de transformación social y medioambiental allí donde se insertan.

Vistos los desequilibrios imperantes, como consumidoras y consumidores podemos ser una palanca más para el cambio y ayudar a inclinar la balanza hacia la sensatez. «Votándolas» con nuestro dinero y con nuestro consumo hacemos que sus prácticas sostenibles se consoliden, crezcan, se generalicen, y acaben siendo un revulsivo para que aquellas empresas e industrias con graves externalidades negativas corrijan su peligrosa deriva.

Parece complicado, pero no es para tanto, sólo es necesario contar con la información adecuada, conocer las alternativas y los motivos por los que éstas son necesarias para discernir entre ellas y los numerosos *greenwashes*, *socialwashes*, etc., que nos intentan vender.

Se trata de que nuestro consumo no consuma la Tierra y todo lo que ésta contiene. Es posible y accesible. Seamos parte del cambio que queremos ver en el mundo.

40

Sustituir literalmente el consumo convencional por el sostenible sale más caro

Pues sí, lo primero que hay que tener en cuenta cuando se comienza a practicar un consumo consciente o responsable es no hacer una sustitución literal de cada producto o servicio por su versión ecológica, sostenible o bio, porque en términos generales nos saldrá significativamente más caro.

Antes de cambiar, sólo algunos, conviene minimizar los niveles de consumo a los que suelen incitarnos para librarnos del consumismo (según el *Diccionario*, la «tendencia inmoderada a adquirir, gastar o consumir bienes, no siempre necesarios»), que también puede darse en su versión «eco».

El secreto para no elevar nuestro presupuesto está en simplificar, consumir menos y redistribuirlo de manera más sabia entre nuestras necesidades reales, priorizando la más relevantes, como la comida. No se trata de pasar de unos artículos a otros y dejar de ser consumistas para convertirnos en ecoconsumistas con menor impacto, sino de hacer nuestros hábitos más saludables en lo personal y en lo colectivo.

Si bien algunos alimentos ecológicos pueden salir más caros, al economizar (agua, energía), al prescindir de muchos otros productos (sin mermar nuestra calidad de vida) y al elaborar algunos de ellos, o al intercambiarlos, compartirlos, repararlos, reutilizarlos, etc., el resto de nuestras demandas serán menores, con lo cual las compensaremos, incluso ahorrando.

Las únicas excepciones a esta regla de la no sustitución literal son la electricidad, puesto que podemos cambiar directamente nuestro contrato a una comercializadora de renovables (clave 57); la banca, que supone trasladar la cuenta corriente a una entidad ética (clave 58), y la telefonía, que implica sustituir un operador por otro responsable (clave 61).

41

Come alimentos frescos

Prioricemos los alimentos tal y como los produce la naturaleza, prácticamente como los hubieran comido nuestros abuelos y abuelas. Es decir, comida de verdad, sin haber sido elaborada ni procesada por la industria, que podamos imaginar creciendo en el campo, como dice Michael Pollan: «Si procede de una planta puedes comerlo, si lo han fabricado en una, no».[1]

El *realfooding* es un movimiento en favor de la comida real basado en el trabajo científico de Carlos Monteiro y Geoffrey Cannon, junto con otros investigadores.[2] Según sus estudios, es mejor evitar los alimentos ultraprocesados (los que llevan más de cinco ingredientes, entre ellos, azúcares, harinas o aceites vegetales refinados, aditivos, y sal) y elegir lo que llaman *real food*, que no es otra cosa que artículos frescos o mínimamente procesados (los que llevan un ingrediente en la etiqueta, o que directamente no la llevan), en los que el procesamiento industrial no ha empeorado la calidad de su composición, ni ha interferido de un modo negativo en las propiedades saludables de su estado natural.[3]

Si los etiquetados contienen ingredientes indescifrables que no encontraríamos en una cocina normal: jarabe de maíz, dextrina, dextrosa, polidextrosa, etc., indica un alto grado de procesamiento o elaboración, incluso aunque sean productos ecológicos o aptos para veganos, por lo que es más saludable abstenerse.

También es preferible renunciar a la carne que se vende en bandejas en los supermercados, por los residuos plásticos que generan, porque pueden dejar sustancias solubles en su grasa, por los procesos a los que la someten (desde inyectarle líquido para que parezca más jugosa, así como colorantes u otros aditivos, hasta darle un golpe de frío que casi la congela para que se filetee mejor).[4] Y en general porque procede de animales de ganadería industrial intensiva, la más cruel. Si podemos, optemos por la ecológica (clave 47).

Si consumimos derivados como huevos, decantémonos por los de gallinas de corral o de cría ecológica (con los códigos 1 y 0). Si son lácteos, elijámoslos ecológicos también, contienen menos residuos que los de animales de cría industrial (antibióticos, hormonas para controlar su reproducción, etc.), así como por su bienestar; las vacas de granjas ecológicas, por ejemplo, viven el doble.

Es bastante sintomático del nivel de industrialización alimentaria al que hemos llegado que ahora a comer alimentos de verdad le llamen ser un *realfooder*. No sé lo que opinarían de esto nuestras bisabuelas... Pero ironías de la sociedad de consumo aparte, precisamente una dieta similar a la suya (abundante en vegetales, hortalizas, legumbres, frutos secos, cereales y frutas sin procesar) debería ser la base de nuestra alimentación. Lo más saludable para nosotros y la Tierra.

42

Evita las grandes superficies

Refugiémonos en el pequeño y mediano comercio, en las tiendas del barrio, en los mercados, especialmente si están comprometidos con la sostenibilidad. Las grandes superficies son menos redistributivas: de cada 100 euros gastados en ellas, sólo el 14 por ciento se queda en la economía real de la comunidad donde opera, frente al 45 por ciento de los comercios de cercanía.[1]

Y como los centros comerciales, tampoco son el universo infinito de posibilidades que nos hacen creer; en realidad, en su oferta alimentaria sólo hay un 38 por ciento (y va en descenso) de productos frescos,[2] la mayoría son procesados o ultraprocesados. Además, marginan de nuestros carros de la compra a muchas compañías locales pequeñas y medianas favoreciendo a unas pocas grandes empresas y multinacionales como Nestlé, Unilever, P&G, PepsiCo, Coca-Cola, cuya oferta no sólo es poco saludable (por sus aditivos, azúcares, etc.), sino que también impacta más en el planeta y en sus recursos por sus gigantescos volúmenes de producción y los millones de consumidores a los que van dirigidas. En ellas (y en muchos grandes grupos, también españoles) suelen darse abusos socioambientales, a veces con históricos propios de sociópatas, como tristemente he podido investigar.[3]

Por el diseño de esas superficies, cómo construyen sus itinerarios para que recorramos sus pasillos, cómo resaltan los artículos rebajados o sus marcas blancas y demás estrategias para incitarnos a consumir, es más fácil terminar haciendo elecciones poco sanas.

También abusan de los envasados y obligan a usar envoltorios plásticos para adquirir el alimento fresco. Las frutas y verduras ecológicas que venden no suelen ser locales ni agroecológicas (clave 46), sino que a menudo provienen de la otra parte del globo y, aunque estén certificadas, los sellos sólo auditan su cultivo, no sus emisiones de transporte o de refrigerado, ni las condiciones laborales de sus productores.

Sólo el 7 por ciento de los consumidores compra en un mercado municipal y un 14 por ciento en pequeños comercios, con ello contribuyen a no deteriorar más el tejido productivo y comercial autóctonos.[4] Además, estos puntos de venta suelen permitir acceso a más producto fresco, cercano y de temporada, emplean menos plástico y en ellos se dan más probabilidades de tomar buenas decisiones (sobre todo en los mercados, fruterías, colmados, tiendas eco, a granel, etc.).

La progresiva desaparición de estos comercios supone la desintegración de la cultura vecinal, de redes generadoras de riqueza y empleo local, pero también de formas de convivir, relacionarse en comunidad, conversar, incluso de suministrar cuidados (como pasa con muchas tiendas de barrio con clientes mayores especialmente solos) y suelen dar un trato humano que muchas veces es más relevante que el propio consumo.

43

Elige productos locales, de cercanía y temporada con los mínimos intermediarios posibles

Este tipo de artículos evitan el impacto ambiental de los llamados «productos kilométricos» que recorren miles de kilómetros hasta llegar a nuestra mesa, porque el *agribusiness* y las grandes superficies nos tienen acostumbrados a consumir materias primas de todo el mundo o de cualquier época del año. Un cosmopolitismo que además de contribuir a las emisiones globales, responde más al ánimo de lucro de la industria que a ofrecer una alimentación variada, porque al final sólo consumimos, de las 300.000 especies que existen, 30 de las 7.000 cultivadas (5.000 son comestibles), y la FAO alerta que el 75 por ciento de la diversidad genética agrícola se ha perdido en los últimos años.

Por el contrario, potenciando los productos locales, de cercanía y temporada no sólo ayudamos a amainar el cambio climático, sino que además conservamos la diversidad agrogastronómica autóctona y las tradiciones alimentarias basadas en las especies que mejor se han adaptado durante siglos a las diferentes zonas geográficas y climatológicas, protegiendo así la salud de sus habitantes.

Los circuitos (o canales) cortos de comercialización (CCC) son aquellos de productores cercanos o en los que intervienen los menores intermediarios posibles, permiten una relación más próxima entre ellos y los consumidores a través de la compra directa, de tiendas especializadas, de grupos de consumo (clave 49), de mercados, mercadillos, etc. Al minimizar los distribuidores se abarata el precio de los alimentos, que de media aumenta un 400 por ciento del campo al plato, una diferencia que pagamos los consumidores y que queda en manos las distribuidoras y las grandes superficies.[1]

Favorecer con nuestro consumo estos CCC promueve la generación de empleo, así como la consolidación y el desarrollo de tejidos productivos agroganaderos locales, pequeñas explotaciones, muchas de ellas familiares o que desarrollan el medio rural con estándares sostenibles, que revierten en el valor añadido de la producción agraria y que mejoran la economía de esas poblaciones. Al eliminar intermediarios, permiten que los productores reciban un precio justo por su labor a la vez que posibilitan que las personas consumidoras tengan acceso a artículos más sanos y respetuosos, lo cual contribuye a crear una relación de confianza entre ellas y su comida.

Primar la compra de cercanía en otros sectores también disminuye el impacto ambiental y genera beneficios sociales en esas comunidades. Existen creadores, artesanos e iniciativas sostenibles locales en moda, cosmética, decoración, productos de limpieza, etc. Por ejemplo, optar por la energía renovable local evita que se pierda de un 10 a un 20 por ciento de ella durante el transporte. Opciones que probablemente tenemos más a mano de lo que pensamos.

44

No les des más poder a las multinacionales, ya tienen demasiado

Producen, transportan, procesan, comercializan y distribuyen volúmenes de mercancías inmensos, una de las principales razones por las que incurren en graves impactos en el entorno, de mucho más calado que las pymes. Por eso, en general también invierten más en departamentos de responsabilidad social corporativa y en acciones que les den buena reputación ambiental (*greenwashes*) o social (*socialwashes*).

Son tan inmensas que, a corto y medio plazo, la mayoría de sus planes de sostenibilidad resultan poco creíbles más allá de rebajar algunos costes (en energía, agua o residuos) pero sin mejorar las condiciones laborales de sus cadenas de abastecimiento. Frecuentemente, esas iniciativas suelen ser parches en sus modelos de negocio más que cambios estructurales consistentes que fortalezcan sus pilares sociales y medioambientales.

Su objetivo principal es el beneficio. Y al cotizar casi todas en bolsa, están a merced de los intereses que devengan a sus inversores, y de los objetivos trimestrales, anuales, etc., siempre crecientes en un planeta de recursos finitos.

No generan tanto empleo como hacen creer, el 75 por ciento lo crearon las pymes y los autónomos en España en 2017, según el Ministerio de Empleo y Seguridad Social. La mayoría de las corporaciones aplican políticas de salarios y precios bajos que afectan a quienes están en la base de su jerarquía, mientras que los altísimos ejecutivos cobran sueldos astronómicos. Algunos economistas, como Antón Costas, consideran a muchos de ellos también «élites extractivas», aunque es un término que se aplica sólo a los dirigentes de determinados países con abultados índices de corrupción que se aprovechan desmesuradamente del valor añadido que crean otros.[1]

La escalada de poder de las multinacionales ha sido espectacular. De finales del siglo XIX a 1945 (en el llamado capitalismo financiero) se configuraron como compañías transnacionales similares a las de hoy transitando de la producción nacional a crear redes en el extranjero (como United Fruit, Unilever, Kodak, Ford, General Electric y otras), con modos de operar a menudo colonialistas.

A principios del siglo XX alcanzaron niveles más sofisticados de financiarización e industrialización, por lo que del final de la Segunda Guerra Mundial a hoy (en el capitalismo globalizado) se han internacionalizado aún más. Desde los años setenta, el neoliberalismo de Milton Friedman, Friedrich Hayek y otros empoderó a los políticos contrarios a la intervención estatal. Y los acuerdos o tratados de libre comercio contribuyeron a la deslocalización de la fabricación, transfiriendo fuera de sus fronteras ramas industriales enteras (textil, tecnológica, informática, automoción, servicios, etc.), facilitando su progresiva acumulación de capital y de poder en las siguientes décadas.

Pero la Organización Mundial del Comercio y la Organización Internacional del Trabajo alertan que desde 1973 crece la inseguridad laboral y el paro de larga duración en Occidente tras las caídas salariales producidas en tres olas: a principios de los ochenta (por aperturas de mercado), a finales de los noventa (por la deslocalización a China e India principalmente) y en los años 2000 (por crisis derivadas de políticas neoliberales).[2]

Empresas americanas como Nike, Gillette, Vans, Levi's, Reebok, Gap, IBM, General Motors y otras, fueron pioneras en obtener más margen de beneficio con esa deslocalización.[3] Un modelo ya global calificado de «empresa hueca», donde la central y las filiales se ocupan de las estrategias de marca (*branding*), marketing y comerciales, cuyas líneas se dictan desde la sede, subarrendando la manufactura con objetivos, presupuestos y plazos mínimos de ejecución que repercuten negativamente en las condiciones laborales. Además, fabrican lo más barato posible allí donde las leyes medioambientales son más laxas y los derechos laborales más frágiles —cuatro de ellos, recordemos, son también derechos humanos: la no discriminación, la libre asociación, la sindicación y la negociación colectiva—. Asimismo, aprovechan las excepciones fiscales de las zonas francas, de libre comercio, etc., con lo que no desarrollan tanta riqueza en esos países ni por la vía fiscal ni por la laboral.

Desde los años setenta, el coste laboral de sus presupuestos mengua:[4] en España, en 1995 era el 17,49 por ciento del total de producción, en 2007 era del 13,13 por ciento.[5] Además, la diferencia media entre lo que cobra un trabajador y su empleador fue creciendo de 25 veces más a 250 veces más.

A los tres hombres más ricos del globo les llevaría varias vidas dilapidar su fortuna al ritmo de un millón de euros al día: Carlos Slim (de Televisa) tardaría unos 220 años, Amancio Ortega (de Inditex), 172 años, y Bill Gates (de Microsoft), 218 años.[6] Y los ejecutivos de las grandes corporaciones, los gestores de capital financiero, de fondos de cobertura o para grandes patrimonios, se embolsan los sueldos más altos. John Paulson fue el asalariado mejor remunerado de 2010 con 5.000 millones dólares al año, 359.000 veces el sueldo mínimo en Estados Unidos, de 7,25 dólares la hora.[7]

De 1999 a 2008, las 500 multinacionales más grandes pasaron de representar el 38 por ciento del PIB mundial al 43 por ciento; ahora representan más del 52 por ciento (un PIB mayor que los de la Unión Europea y Estados Unidos juntos) y también el 25 por ciento de la producción, poseen gran parte de la tecnología y controlan el 70 por ciento del comercio global.[8]

En todos los sectores las fusiones, absorciones y las concentraciones horizontales o verticales, han ido reforzando a unos pocos líderes de gran influencia económica, mediática, política, legal, social y cultural con presupuestos de comunicación, publicidad o marketing más abultados que los de educación, sanidad o justicia de muchas naciones. Y facturan más al año que el PIB de muchos países; por ejemplo, las petroleras Shell y Exxon generan el doble que el de Nigeria (con 168,8 millones de habitantes) y cuadruplican el de Angola (con 20 millones). En 2012 Coca-Cola duplicó el de Tanzania y triplicó el de Mozambique.

Sus dimensiones descomunales producen riesgos sistémicos por su capacidad de influir a su favor en la política, las leyes o la democracia, e interfieren en el desarrollo sostenible y en el bienestar global por su necesidad imperante de recursos, por su obligación de dar beneficios cada vez mayores y por volverse *too big to fall* (demasiado grandes para caer), como pasó con algunos bancos en la última crisis, a los que hubo que rescatar con dinero de la ciudadanía.

Los españoles ven gravar sus rentas del trabajo por encima de las del capital y las pymes más que las del IBEX 35 que poseen filiales en paraísos fiscales con la intención global de pagar lo menos posible, evidenciada por numerosos escándalos como el LuxLeaks (2014), que reveló que el Gobierno luxemburgués (con Juncker al frente) ayudó a eludir impuestos de 2002 a 2010 a 350 multinacionales como PepsiCo, McDonald's, Amazon, Apple, Volkswagen, Ikea, P&G y Starbucks, entre otras.

¿De verdad queremos darles más poder? ¿No sería más equilibrado repartirlo entre todos los agentes del mercado (incluidos pequeños y medianos) premiando a los que tengan prácticas más justas y sostenibles?

45

Adquiere productos de comercio justo siempre que puedas

Consumir productos exóticos de comercio justo, como el azúcar, la panela, el café, el chocolate, el té, las frutas exóticas o los cereales, es la excepción a la regla de evitar los «alimentos kilométricos» para optar por los de cercanía y temporada. Es así porque en esos cultivos a menudo se dan unas condiciones de trabajo casi colonialistas. O porque, como pasa ahora con la quinua, al ponerse de moda, su alta demanda hace peligrar la soberanía alimentaria de sus zonas originarias al elevar su precio y hacerla inaccesible para parte de la población.

El comercio justo surgió en los años setenta y es un movimiento comercial global simétrico e igualitario entre productores, distribuidores y comercializadores. Aunque sólo supone el uno por ciento del comercio mundial, es el referente de cómo deberían ser este tipo de relaciones, ya que garantiza un sueldo digno a los agricultores, les permite prefinanciar su actividad, les resguarda de las oscilaciones de las materias primas en los mercados, prohíbe el trabajo forzoso, infantil y la discriminación de género.

También les empodera y pone en valor su labor, pues, a parte de un salario digno, al adscribirse a esta modalidad reciben una prima de comercio justo que destinan, a través de procesos democráticos, al desarrollo de sus comunidades. Por lo general, a educación, sanidad o infraestructuras (carreteras, saneamientos), lo cual repercute de un modo favorable en su calidad de vida, porque estos eslabones de las cadenas productivas son los más vulnerables, expoliados y los que más hambre o pobreza sufren, pese a alimentar a la población global.

Al ser agricultura ecológica, su modelo productivo es más eficiente energética e hídricamente, no contamina el suelo, ni el aire, ni el agua, ni intoxica a los empleados, ni tampoco a los consumidores, pues poseen menos residuos de pesticidas, herbicidas, etc.

En casi todos los países europeos es habitual comprar artículos de este tipo. En España estamos a la cola (con la República Checa, Letonia, Lituania o Eslovaquia), aunque resultan fáciles de encontrar en alimentación, moda, cosmética, menaje del hogar, decoración o artesanía, en comercios especializados (SETEM, Oxfam Intermón, AlterNativa3, EquiMercado, COPADE, etc.), también en supermercados «eco», en tiendas con productos orgánicos o a través de las webs de cooperativas dedicadas al comercio justo (como IDEAS).[1] Incluso si sólo se puede recurrir a una gran superficie, los hay con el sello Fairtrade; una tableta de chocolate sale por menos de dos euros.

46

En la medida de lo posible, compra productos agroecológicos

El medio rural acoge al 50 por ciento de la población global y al 25 por ciento de la española.[1]

La agroecología es un sistema de manejo agrario que mantiene y mejora la fertilidad del suelo, promueve el policultivo e integra la agricultura, la ganadería y la silvicultura locales. Llegó a España en los años setenta de la mano de los neorrurales centroeuropeos y se extendió más con el movimiento neorrural de los años ochenta, cuando la reconversión del sector agrario y el abandono de los pueblos atravesaban momentos dramáticos.

El diseño de sus fincas busca la mayor diversidad genética del entorno y la máxima eficiencia en el empleo de los recursos renovables y locales. Al integrar sistemas agroganaderos autóctonos da más valor al territorio, aumenta la biodiversidad y también los microorganismos necesarios para los ciclos elementales de la materia orgánica.

Se basa en los conocimientos tradicionales de los campesinos de todo el mundo y en las aportaciones científicas modernas para proponer formas sostenibles de gestión. También defiende el libre intercambio de semillas locales (nunca transgénicas) adaptadas al medio. La sanidad vegetal se logra equilibrando los ecosistemas con fauna beneficiosa (insectos) y asociando o rotando los cultivos, por lo que evita la contaminación agraria disminuyendo las emisiones, así como el cambio climático.

Al incorporar la agricultura ecológica es más eficiente que la industrial, y consume un 50 por ciento menos de energía al utilizar renovables y no depender de insumos industriales (fertilizantes, fitosanitarios, herbicidas, pesticidas etc.), muchos de los cuales son derivados del petróleo.[2] En la agricultura convencional, para obtener una caloría de energía de los alimentos se requieren de 8 a 10 calorías. En las hortalizas de invernadero fuera de temporada pueden llegar a invertirse 575 calorías. Unas matemáticas imposibles para el planeta.

Además, la agroecología integra aspectos sociales de desarrollo rural sostenible y de fortalecimiento de las redes locales agrarias a través de fórmulas de distribución o comercialización justas para los consumidores y los productores, como grupos o cooperativas de consumo (clave 48), mercados locales, etc.

Un producto ecológico y uno agroecológico no son lo mismo, el primero certifica que elimina los componentes de síntesis para fertilizar o sanear las plantas y que su producción es natural. Si bien evita el uso intensivo de químicos agresivos y, por supuesto, es mejor para el medioambiente, la salud de los agricultores y de los consumidores, no se ocupa de las condiciones sociales o laborales de los productores, algo que la agroecología sí tiene en cuenta.

47

Si comes carne o derivados de procedencia animal, que sean ecológicos

Se impone la prudencia: minimizar la ingesta de carne y seleccionar muy bien de dónde procede aquella a la que vamos a hincarle el diente. Para los carnívoros (y el planeta) lo más conveniente es decantarse por la ganadería ecológica, que siempre es extensiva (al aire libre y con amplio terreno para pastar, pazar, etc.) y en ella el bienestar animal es prioritario; las vacas por ejemplo viven el doble. Además, recupera variedades autóctonas y su carne o derivados (leche, huevos, quesos, yogures, requesones, etc.) poseen menos residuos de medicamentos u hormonas que los convencionales porque sólo suministran fármacos si es estrictamente necesario y no se les controlan los ciclos reproductivos.

Con ello evitamos colaborar con la industria cárnica global que mata cada año 70.000 millones de animales, 10 veces la población mundial, es decir, unos 6 millones cada hora, un auténtico «farmagedón» con un grave impacto social y ambiental.[1] En España existen más cabezas de cerdo (50 millones) que habitantes,[2] lo que supone una gran contaminación del suelo y del agua por parte de las macrogranjas, que por si fuera poco crean cuatro veces menos empleo que las explotaciones familiares.[3]

Las prácticas y las condiciones de confinamiento de esa cría intensiva no sólo suelen ser extremadamente crueles, sino que además exigen un uso intensivo de medicinas: en España el 84 por ciento de los antibióticos se destinan a ella, lo que está generando el desarrollo de bacterias resistentes que, según la Organización Mundial de la Salud, causarán más muertes en 2050 que el cáncer.[4] En 2015 ya advirtió que la carne procesada puede provocar procesos cancerosos. Tengamos cuidado con qué nos echamos al cuerpo.

48

Decántate por la pesca artesana

Si comemos pescado, es interesante saber que este tipo de pesca (también llamada sostenible o *slow fish*) es la más respetuosa capturando a los peces y, al no agotar los caladeros y permitirles reproducirse, ayuda a regenerar los océanos.

Emplea barcos más pequeños, realiza menos capturas y también utiliza artes pesqueras tradicionales menos agresivas con el entorno y las especies que las intensivas. Además, demanda menos energía, es menos contaminante e implica menos aditivos, fármacos, hormonas e impactos que la piscifactoría intensiva.

Se puede adquirir en las lonjas y en las pescaderías locales, con ello apoyamos a los pequeños o medianos pescadores, que son 12 millones en todo el mundo y, concretamente en España, un 80 por ciento de los profesionales del sector, aunque es el 20 por ciento, la pesca industrial, la que se lleva la mayor parte de las cuotas pesqueras, lo que beneficia a unas muy pocas grandes compañías que esquilman el mar al maximizar sus capturas con buques inmensos con un alto coste energético (por sus motores, radares, frigoríficos) y que, a través de técnicas como el arrastre o el cerco, deterioran los fondos marinos y capturan más animales de los que son su objetivo (incluso tortugas, aves, delfines) que quedan atrapados en sus redes, y que se consideran descartes, los cuales son devueltos al mar muertos o moribundos.

Debido a estas y otras prácticas de la industria pesquera convencional, el 96 por ciento de las especies marinas de profundidad del Mediterráneo están sobrexplotadas, y también el 41 por ciento de las del Atlántico, de las del mar Báltico y del mar del Norte.[1] Intentemos no contribuir a ese expolio.

49

Busca un grupo de consumo, o similares

Los grupos de consumo o agroecológicos reúnen a consumidores conscientes a través de asociaciones o cooperativas para conseguir mejores precios en productos de este tipo.

Su reparto suele ser semanal, aunque su organización varía, por eso conviene conocerla antes de formar parte de uno. En algunos se establecen tareas mensuales (para aprenderlas, a menudo juntan a los novatos con los veteranos), pero también los hay que cuentan con personas liberadas que se ocupan de todo.

Se puede buscar el más próximo en webs como *Grupo a grupo*, que ofrece servicios y un directorio;[1] *Ecoagricultor*, con un buscador nacional, consejos para formarlos y un listado de productores;[2] en *La Repera*, que aloja un mapa de los grupos en Cataluña;[3] en *EcoMarca*, que posee un plano de los de Madrid,[4] o *EcoRed* que recoge un listado de los de Aragón,[5] entre otras plataformas.

Hay redes de asociaciones, cooperativas de consumidores y productores ecológicos y artesanales, como la Federación Andaluza de Consumidores y Productores Ecológicos, que fomentan el consumo ecológico, responsable y solidario.[6] E iniciativas locales como ¡La Colmena que dice sí!, que cuenta con cien grupos de consumo por España llamados «colmenas»;[7] Bah, Bajo el Asfalto está la Huerta, una cooperativa con grupos en Madrid y Valladolid;[8] Biosegura[9] y La Revolica,[10] que organizan pedidos ecológicos y cestas agroecológicas en Murcia. Landare es una asociación con más de tres mil seiscientos consumidores de ecológicos en Pamplona;[11] Karrakela, una emblemática cooperativa agroecológica de Navarra;[12] Ecogermen, otra cooperativa ecológica con reparto en Castilla y León,[13] o Cerro Viejo, que realiza pedidos agroecológicos en Sevilla y Cazalla,[14] y muchas más.

Si no ha habido suerte y tampoco tenemos tiempo para ir al mercado o a las tiendas responsables del barrio, las cestas ecológicas a domicilio son un servicio muy reclamado, sobre todo en las ciudades. Lo ofrecen tiendas, mercados y plataformas especializadas, basta realizar una búsqueda *online* para comprobar su abundante oferta: cestas agroecológicas, mixtas, de verduras, hortalizas o fruta, preestablecidas, a medida, específicas (cerezas del Jerte, naranjas valencianas). Tanto en ellas como en los grupos de consumo es importante fijarse en que los alimentos sean de productores locales, de temporada y sin apenas envoltorios.

Además, pronto contaremos con supermercados cooperativos en distintas ciudades como Barcelona y Madrid. El más avanzado de los tres que se están gestando en la capital es La Osa, que estará cerca de Plaza Castilla.[15] Hacerse socio en ellos implica trabajar alguna hora mensual a cambio de poder adquirir artículos agroecológicos a buen precio. Derivan de la cooperativa Park Slope Food Coop, de Brooklyn, con 17.000 socios, surgida en 1972, que consigue el producto ecológico más asequible de todo Estados Unidos. Una iniciativa de éxito que se replicó con buen resultado en París (La Louve) y que ha llegado a nuestras latitudes a través del proyecto Mares Alimentación.

50

Bebe agua del grifo

Es lo más razonable y para algo la pagamos. Pero algunos expertos indican que dependiendo de las regiones pueden quedar en ella residuos de tuberías (de plomo, PVC, polietileno), o de pesticidas, nitratos, fertilizantes e insumos de los campos de cultivo que permanecen en la tierra durante años con una vida media larga. Muchos son bioacumulables, pueden llegar por las capas freáticas a largas distancias y filtrarse al agua que bebemos. Los sistemas de potabilización la protegen de microorganismos pero no del mercurio, plomo, herbicidas y otras sustancias.[1] Si ese fuera el caso en nuestra localidad, se pueden adquirir filtros purificadores para el grifo que retiran algunos de esos elementos. Incluso se venden botellas reutilizables con la misma función.

Cada vez que tomemos agua embotellada tengamos presente que cuesta de 200 a 1.000 veces más que la corriente; la BBC asegura que un litro genera 600 veces más CO_2 y su huella ambiental equivale a recorrer un kilómetro en coche.[2] Fabricar el PET de sus botellas (tereftalato de polietileno, el mismo material que el poliéster) libera al aire y al agua cinco veces más gases tóxicos, residuos y toxinas persistentes que fabricar cristal. Además, suponen tres millones de toneladas de basura plástica, puesto que sólo un 13 por ciento de las botellas se recicla y en todo el mundo se compran cada minuto un millón, cerca de 20.000 por segundo.[3]

Al beberla no sólo financiamos esa contaminación, también un negocio sobre un bien común vital que en Estados Unidos mueve más de 3.000 millones de dólares al año y en España factura unos 1.000 millones de euros anuales, ya que de beber 2.000 millones de litros a comienzos de los años noventa pasamos a consumir 5.600 millones en 2008 (un 180 por ciento más) y ha seguido en aumento.[4]

Globalmente este mercado lo lidera Nestlé con 77 marcas que suponen el 10 por ciento de su beneficio total (Aquarel, Pure Life, Viladrau, Vittel, Perrier, San Pellegrino, Acqua Panna, etc.), seguida de Danone (Font Vella, Volvic, Lanjarón, Evian, Aqua, Bonafont), Coca-Cola (Dasani, Aquabona, Ciel) o PepsiCo (Aquafina, Epura). Estas, y otras corporaciones, atesoran casos de abusos socioambientales por los modos, a menudo espurios, de obtener este preciado bien.[5]

51

Combate la plaga plástica

Cada vez que rellenamos nuestra botella reutilizable le estamos ahorrando una de plástico a la Tierra. ¿No resulta gratificante? Además, si nos cuesta veinte euros, la habremos amortizado en tan sólo veinte ocasiones (calculando que la de usar y tirar valga un euro, y si es más cara, antes). Si lo aplicamos al champú, al jabón líquido de la ropa, de la vajilla, etc., empleando un único envase que podamos rellenar múltiples veces, habremos evitado un montón de basura más.

El plástico era ya el material más usado en el mundo en 1976, proviene del petróleo y fue descubierto accidentalmente en los años treinta.[1] Desde los años cincuenta se han producido 8.300 millones de toneladas.[2] Los más comunes son el PVC (policloruro de vinilo), el PVDC (policloruro de vinilideno), el PE (polietileno) de los envoltorios alimentarios, el PET (tereftalato de polietileno) de las botellas, envases, bandejas, poliéster.

También el PEAD o HDPE (polietileno de alta densidad), habitual en bolsas de basura, del súper, de los cereales, de las galletas, en botellas, detergentes, champús o aceites de coche. El PEBD o LDPE (polietileno de baja densidad) es frecuente en envases que conservan el calor, en botellas deformables o juguetes. El PP (polipropileno) se emplea en botellines de jarabe, medicinas, yogures o pañales. El PS (poliestireno) está presente en bandejas de comida preparada, en vasos o cajas de huevos. Y, por último, los policarbonatos de las botellas o las bolsas para el microondas.

Se impone reducir su uso al máximo individual y colectivamente. No confiemos en que el reciclaje resuelva el gran problema de sus deshechos, porque sólo tres de estos ingenios plásticos son fáciles de reciclar (debemos fijarnos en sus códigos de resina madre dentro del triángulo de flechas): el uno (PET), el dos (PEAD) y el cinco (PP).

Además, se ha verificado que multinacionales como Coca-Cola, PepsiCo, Mars, Danone, Nestlé, Unilever, Mondelēz, Colgate, P&G o Johnson & Johnson son las que más contribuyen a esta contaminación y sus actuaciones para atajar esta plaga han sido consideradas por los colectivos ecologistas como muy poco útiles.[3]

La nueva directiva europea obliga a prohibir los plásticos de un solo uso para 2021 (pajitas, cubiertos, platos, removedores, bastones de los oídos, palos de los globos, etc.), también los oxodegradables y los envases o vasos de poliestireno expandido (corcho blanco). Mientras tanto, los consumidores podemos evitar usarlos.

Asimismo, la normativa europea obliga a reducir las bolsas de plástico de la compra, en su lugar podemos utilizar de tela, canastas o carritos. Al año se emplean globalmente 500 billones de ellas y sólo se recicla el uno por ciento. Junto con las botellas, son el 90 por ciento de la basura del mar.[4] Cada europeo usa 200 al año, más de 8.000 acaban en la naturaleza, cada minuto se reparten un millón, su vida útil es de 12 minutos y tardan 400 años en descomponerse, pero no desaparecen por completo, sino que siguen en el entorno en pequeñas partículas invisibles.

Para la comida se pueden usar *tuppers* de acero o de vidrio. El cristal es el mejor material para conservar los alimentos: es estable, inerte y no les trasmite ninguna sustancia (especialmente si son grasos o están a alta temperatura) como ocurre con algunos aditivos de los plásticos, que pueden ser incluso disruptores hormonales. En los puestos de los mercados se puede pedir que envuelvan la carne o el pescado en papel de estraza. Y solicitar jarras o botellas de cristal en los restaurantes, cafeterías o bares.

Otra gran opción para reducir los plásticos es consumir a granel (legumbres, cereales, pasta, arroz, jabón, champú, gel); cada vez más tiendas y comercios *zero waste* (cero residuo) permiten esa posibilidad, como el supermercado

Unpacked en Madrid o Yes Future en Barcelona. Además, existen alternativas muy útiles como versiones naturales *plastic-free* de estropajos, cepillos, escobas, fregonas, brochas, esponjas, etc., así como maquinillas de acero y champús o geles solidos. Hay tiendas, como sinplastico.com, especialistas en ello. El blog y el libro *Vivir sin plástico* de Patricia Reina Toresano y Fernando Gómez Soria también resulta un recurso muy práctico para aprender a prescindir de él.

La invasión de este material es tal que la presencia de microplásticos se ha constatado en la sal de mesa de todo el mundo, en el pescado, en las cuencas submarinas más profundas y hasta en las heces humanas. La aplicación gratuita Beat the Microbead permite reconocer aquellos cosméticos que los llevan.

Y si queremos ahorrarle unas cuantas microfibras plásticas más al globo, al agua y a nuestra cadena alimentaria, provenientes de las prendas sintéticas o acrílicas, lavémoslas a mano, desprenden menos que en la lavadora. Sólo una chaqueta de poliéster arroja cerca de un millón de ellas en cada lavado. *Life in plastic is no so fantastic...*

52

¡Cocina!

Delegar esta labor en la industria alimentaria puede perjudicar seriamente nuestra salud. En cambio, ponernos el delantal es de las inversiones más inteligentes en tiempo y en dinero que podemos hacer por ella, así como la mejor forma de saber de primera mano qué estamos comiendo, recuperando el control sobre nuestra comida y sobre nuestro bienestar.

Además, esta tarea nos recuerda el placer que supone conocer y transformar los alimentos, nos reúne entorno a ellos, nos relaja, nos reconecta con las estaciones, con la naturaleza y potencia las tradiciones o variedades agrogastronómicas locales.

También contribuye a que el presupuesto de comida orgánica no se dispare, porque los productos ecológicos elaborados son más caros que los frescos. Es fácil realizarlos en casa (zumos, aperitivos, repostería, hamburguesas, mermeladas, lasañas, pizzas, salsas, caldos, conservas, mueslis, etc.), salen más baratos y suelen ser más saludables.

Por el precio de un menú normal o de un producto precocinado, se pueden preparar en quince o treinta minutos platos caseros, sanos y ecológicos de mayor calidad y sin ser un gran chef. Sólo es necesario aprender algunas recetas e ir ampliando el repertorio.

Cuanto más nos habituamos a cocinar, más respetuosos nos volvemos con las materias primas y también somos más estratégicos puesto que lo aprovechamos todo más: usamos el caldo de las verduras o las hortalizas ecológicas para sopas o arroces y otros restos para nuevas elaboraciones, o congelamos el sobrante de los guisos (es el proceso con el que se deteriora menos el alimento) para tomarlo un día que vayamos con prisas. Así, optimizamos aún más la compra. ¿Quién dijo que comer «eco» sale más caro?

53

Viste moda sostenible

Nada de tirar el contenido del armario para cambiarlo todo, esto sólo derrocha los recursos invertidos (dinero, trabajo, tejidos, agua, energía, etc.) y saldría por un dineral.

Se trata de empezar a comprar menos y mejor, lo que de veras nos queda bien, con lo que estamos a gusto, esas prendas a las que siempre somos fieles. Más vale poseer pocas, de buena calidad y largo recorrido, que comprar muchas mediocres (probablemente fabricadas con explotación humana, incluso infantil, y contaminación) que acabarán pronto en la basura. El objetivo es tener la ropa precisa, imperecedera, combinable y que se pueda usar en distintas ocasiones. Lo que se denomina un «armario cápsula sostenible», que ahorra dinero, tiempo, espacio, y para proveerlo basta con:

1) *Priorizar firmas sostenibles.* Remuneran dignamente a sus manufactureras (incluso algunas en régimen de

comercio justo), velan por el bienestar animal, utilizan materiales o tejidos naturales (Tencel, modal, lana, lino o algodón orgánicos, etc.), reciclados o recuperados (clave 68) y procesos medioambientalmente responsables.

Casi todas las marcas suelen tener venta *online*, pero cada vez surgen más tiendas físicas como The Circular Project, The IOU Project o Trendy&Green, en Madrid; Coshop, Ecoology, Green Life, Amapola Vegan Shop, en Barcelona; Back to Green, en Gran Canaria, o Verde Moscú y Moda en Positivo, en Sevilla. Así como portales de compra *online* como Veganized, Alma Santa, Fashion Conscience o Fairchanges, entre otros.

Simplemente vayamos mirando posibilidades para lo que esté a punto de romperse. ¿Un vaquero? La firma albaceteña Capitán Denim los vende orgánicos por unos 30 o 40 euros y la gallega Xiro Atlantic Denim en torno a los 120 euros. ¿Zapatillas? Marcas como Veja o Natural World Eco las fabrican con estándares justos y sostenibles a los precios de las convencionales, entre otras. Para descubrir más, hay directorios como Moda Impacto Positivo,[1] así como los de Ecovamos,[2] Carro de Combate,[3] Gansos Salvajes,[4] o de mi web.[5]

2) *Apoyar a los creadores o artesanos locales.* Muchos no emplean tejidos sostenibles (o sólo algunos), pero crean empleo local, pagan adecuadamente (tanto a sus empleados, como impuestos), recuperan o mantienen vivas tradiciones textiles o artesanales y siempre tendrán un impacto mucho menor que las multinacionales, porque sus producciones son muy pequeñas.
3) *Decantarse por el* vintage*, el retro y la segunda mano.* Se consideran también moda sostenible porque, una vez que se fabrica una prenda, darle tantos usos como sea posible es lo más responsable. El *vintage* son piezas antiguas hasta los años setenta, el retro de los años setenta, ochenta y noventa. Y el resto es segunda mano. Existen muchas tiendas, mercadillos, rastros, webs y aplicaciones de compraventa.
4) *No adquirir.* Podemos heredar prendas de familiares, amigos, compañeros, usar aplicaciones de trueque, crear eventos para cambiarlas, como las *swaps* (reuniones con música y picoteo). O participar en intercambiadores de ropa, donde se deja la que está en buen estado, que no se usa, y se coge lo que se necesita. Además, se pueden alquilar las prendas que no nos vamos a poner más que en una ocasión. Y reparar la ropa, reformarla o adap-

tarla es otra forma de alargar su vida. Si uno no sabe coser, o no es un virtuoso a tal extremo, en los últimos años han aparecido multitud de espacios donde aprender y también se puede llevar a una costurera.

5) *Deshacerse responsablemente de la ropa en buen estado.* Implica donarla, regalarla, venderla y todo lo que suponga optimizarla. Determinadas iniciativas son idóneas para dejarla porque garantizan que el cien por cien de los beneficios van a proyectos sociales, como la Asociación Española de Recuperadores de Economía Social y Solidaria (AERESS). En cambio, Humana no es una ONG, sino una empresa con ánimo de lucro que destina sólo un pequeño porcentaje de su beneficio a causas humanitarias.
6) *Y si no se puede utilizar más, no la tiremos a la basura.* Antes de que acabe en un vertedero, con su consiguiente contaminación y emisiones, es preferible depositarla en contenderos de ropa legales (a veces los ponen los ayuntamientos), o llevarlos a entidades como Humana, AERESS y similares. Los textiles se reciclan (para rellenos de los coches, de mobiliario), y a veces se pueden recuperar algunas de sus fibras.

54

Dale a tu cuerpo cosmética y productos de higiene ecoéticos

Las empresas que los fabrican cuidan especialmente los aspectos sociales, laborales y medioambientales en su producción, al contrario que gran parte de la industria convencional. Por ello emplean ingredientes naturales, ecológicos, de síntesis inocuos, química verde, materias primas vegetales, animales (las no veganas) o minerales obtenidas de manera respetuosa, a veces también a través del comercio justo. No usan transgénicos, ni sustancias potencialmente nocivas para la salud humana o medioambiental, prohíben la crueldad animal y minimizan sus demandas energéticas, de transporte e hídricas (entre el 46 y el 70 por ciento del contenido de un cosmético es agua). Y suelen evitar los plásticos, emplear fragancias naturales, aceites esenciales o promover referentes estéticos inclusivos. Aunque, seamos honestos, el mejor cosmético es cuidar nuestra salud y nuestro bienestar, dormir, descansar y alimentarse bien.

En la actualidad hay muchas firmas naturales y ecológicas nacionales, internacionales o locales. Si está en nuestra mano, privilegiemos la compra de cercanía. La oferta es lo bastante variada para encontrar todo lo necesario y más común: champú, gel, dentífrico, desodorante, cremas, maquillaje, etc. Y otras opciones menos habituales: champús o geles sólidos, mantecas corporales en barra (que evitan envases y minimizan el agua en su producción), cepillos de materiales naturales vegetales (sin plásticos, ni cerdas de origen animal), esponjas como la luffa, una planta (que evitan las de plástico y contribuyen a no esquilmar las especies marinas), tampones o compresas de fibras vegetales sin blanquear químicamente, tintes capilares naturales y todo tipo de artículos reutilizables como discos desmaquillantes, salvaslips, compresas, copas o esponjas menstruales.

Como ya hemos visto, el presupuesto no convulsiona si no sustituimos cada producto convencional por su versión sostenible y optamos por pocos, pero buenos, mejor si son multitarea (champú-gel, jabones, aceites), reutilizables o con los mínimos envases posibles. Teniendo presente que podemos comérnoslos, de hecho, algunos aceites orgánicos (sésamo, coco, oliva, etc.) son muy útiles para la piel o el cabello. Se pueden hacer muchos artículos en casa con conocimientos muy básicos (en cinco minutos se consigue pasta de dientes, desodorante, mascarilla, exfoliante o un aceite corporal). Y existen muchos cursos e información disponible para aprender.

Antes de comprar cualquier producto de higiene o cosmético convencionales, naturales o ecológicos, conviene leer su INCI. Este sector lleva usando derivados de la petroquímica más de cincuenta años, así como multitud de principios activos, excipientes y aditivos de todo tipo que mejoran su presentación (gelificantes, refrescantes, espesantes, nacarantes, antiespumantes, colorantes, conservantes, perfumes). Muchos de ellos son innecesarios, algunos incluso peligrosos, y también pueden estar presentes en cosméticos supuestamente «eco» o «bio», por lo que para conocerlos es muy útil ayudarse con la guía y la aplicación de la clave 13. Sólo el 20 por ciento de los químicos cosméticos han sido evaluados y de muchos aún no se han estudiado sus efectos en la salud.[1] Con los años algunos se retiran tras demostrarse que crean alergias, son dañinos o incluso cancerígenos. Lo deseable sería que los organismos competentes fueran más restrictivos en su control sanitario previo.

Tampoco arrojemos el contenido del baño por la ventana, gastar lo comprado es lo más responsable y también ayuda a apreciar mejor las alternativas que escojamos luego. Es muy frecuente que haya un periodo de adaptación, sobre todo con las cremas y los champús sostenibles (o ecoéticos), que puede ser de más o menos un mes hasta empezar a notar sus efectos, así como a aprender a dosificar bien las cantidades, acostumbrarse a que no hagan tanta espuma, etc. Paciencia.

55

No necesitas tantos productos de hogar

Limpiar eficientemente la casa, la vajilla o la ropa es posible sólo con un buen jabón vegetal ecológico, deja menos residuos en el agua y en el hogar de las sustancias que lo componen que los convencionales. Se pueden comprar en tiendas especializadas de marcas europeas, nacionales o locales. Si está en nuestra mano, decantémonos por las autóctonas. También algunos comercios los venden a granel para minimizar envases (las garrafas grandes salen más económicas) y se puede adquirir jabones sólidos y diluirlos.

Además, existen cuatro grandes aliados domésticos que pueden utilizarse solos o combinando algunos. Son muy asequibles y evitan buenas dosis de jabón si se alcanza cierta soltura:

- El vinagre blanco: idóneo para desinfectar, descomponer la suciedad, eliminar bacterias o la electricidad estática y suavizar toallas. Mezclado con aceite de oliva abrillanta la madera, y diluido en agua limpia cristales o suelos. Su olor se puede camuflar con ácido cítrico o unas gotas de aceites esenciales.

- El bicarbonato de sodio: es un blanqueante de consistencia arenosa (se suele hacer una pasta con él y luego se extiende), además de un surfactante natural para manchas resistentes y superficies (encimeras, duchas, bañeras, ropa, inodoros, lavabos, hornos, acero inoxidable, etc.). Pulverizándole vinagre crea una espuma que potencia su limpieza. También desatasca tuberías si se hecha una taza de él, seguida de otra de vinagre y se deja actuar.
- El agua oxigenada (o peróxido de hidrógeno): es un desinfectante no tóxico, previene hongos, microbios, limpia objetos, superficies y quita manchas resistentes.
- El limón: desintegra la grasa, quita manchas de la ropa, olores y enluce el cobre. (Para la plata es mejor utilizar pasta de dientes, dejarla secar y luego frotar.)

El set de limpieza se completa con buenos estropajos, escobillas, escoba, fregona, bayetas y cepillos naturales.

Otras opciones como las nueces de lavado evitan envases y jabón porque poseen saponina en su cáscara. Un saco de un kilo cuesta unos 16 euros y dura medio año en una familia de cuatro miembros. Lavan muy bien a más de 30 grados, son fáciles de usar, no tienen perfumes, ni blanqueadores. Para desinfectar en profundidad se añaden unas gotas de aceite esencial de árbol del té y de otro tipo si se quiere aportar aroma, como a lavanda. Para una colada blanca se recomienda acompañarlas con una cucharada de percarbonato sódico, que es un oxígeno activo blanqueante muy efectivo.

También hay blanqueadores ecológicos (como los de bioBel) de percarbonato de sodio y sosa, una mezcla inocua para el medioambiente que se descompone en oxígeno, agua y cenizas de sosa, aunque no conviene tenerlo al alcance de los peques.

Para ambientar la casa basta con encender un incienso natural, una vela vegetal o echar unas gotas de aceites esenciales en difusores, que se pueden poner en tacos de madera, bolsitas de tela o piedras porosas para perfumar los armarios. Menos es más.

56

Lava lo justo

Que nadie lo interprete como llegar a un nivel de espesura hogareña digna de conmiseración, sólo es limpiar cuando sea necesario. Ni más, ni menos.

La vajilla:

- A máquina: es mejor llenar el lavavajillas por completo, elegir los programas de menor temperatura y más cortos. Muchos de los que las marcas indican como «ecológicos» resultan ser los más largos, así que fijémonos bien.
- A mano: no hay que mantener el grifo abierto durante el proceso, sólo para aclarar. También se puede utilizar una cubeta para el detergente y otra para el agua.

La ropa:

- En la lavadora: conviene que esté completamente cargada y elegir la temperatura por debajo de 40 grados. Saltarse el prelavado ahorra un 75 por ciento de agua.
- A mano: aunque sean piezas delicadas, se puede usar el mismo jabón natural «eco» habitual. Para manchas complejas se puede recurrir a la clave anterior.
- En seco: es preferible priorizar las tintorerías ecológicas, con un uso menos intensivo de sustancias limpiadoras, algunas muy agresivas. Si no se tiene acceso a ninguna, se puede dejar la prenda aireándose al menos 24 horas antes de guardarla en el armario o de ponérnosla.
- Secar: mejor siempre al aire y sólo emplear la secadora si es estrictamente necesario.

Tampoco gastemos absurdamente energía aspirando todos los días como desaforados. Si no es imprescindible, no lo hagamos. Un mantra que podemos aplicar a todo lo demás.

57

Conéctate a las energías renovables

Estamos de enhorabuena, ya es posible el autoconsumo individual y colectivo, incluso siendo remunerados por la energía sobrante que devolvamos a la red generada por nuestros equipamientos solares, eólicos, geotérmicos, etc.

Además, en los últimos años han aparecido pymes y cooperativas comercializadoras de renovables por toda España que esperemos contagien de buenas prácticas a las grandes eléctricas patrias que guardan una opacidad considerable en el mercado y la factura de la luz, condenan a la pobreza energética a muchas personas y acumulan abusos socioambientales en España, o en el extranjero (incluso con muertes).[1] Asimismo, se camelan a los políticos en activo (en general notablemente ajenos a cómo funciona el sector) e incluso los acogen amorosamente al ocaso de sus carreras.

Las nuevas fórmulas nos permiten no apoyar tanto con nuestro dinero a este oligopolio neurálgico de poder, y hacer del gesto de encender la luz o de consumir electricidad un acto transformador que la Tierra agradecerá, porque las fuentes renovables son las primeras en el orden de acoplamiento en el sistema eléctrico. Por eso, cuando las contratamos, expulsamos el mismo cupo de «energías sucias» (fósiles, nuclear) y contribuimos a atajar el cambio climático, así como la contaminación que producen.

Entre ellas están Som Energia (en Cataluña y el resto de España), GoiEner (del País Vasco), Grupo Enercoop (de Alicante), La Corriente y Gesternova (en Madrid), Zencer (de Andalucía), Seneo (de Valencia), Nosa Enerxía (de Galicia), EnergÉtica (de Valladolid) y otras como Holaluz o Lucera.

El cambio es tan sencillo como darse de baja en la compañía actual y de alta en la elegida. Si nos decantamos por una cooperativa, tendremos que aportar una cuota de capital social que nos devuelven al irnos. Esto nos permite, si queremos, ser parte de sus órganos de decisión y participar en las asambleas como socios. Son democráticas, igualitarias y están comprometidas social y medioambientalmente. Si contratamos con una empresa no cooperativa, no hay que aportar ese capital, ni se tienen esos derechos. Y como las grandes eléctricas poseen parte de la red, todas deben de pagarles un porcentaje por usarla.

El comparador independiente gratuito Consuma Conciencia, desarrollado durante tres años por Leire

Iriarte, ayuda a tomar la decisión entre toda la oferta gracias a sesenta parámetros que incluyen cuestiones económicas, ambientales, sociales y de gobernanza.[2]

Por otro lado, también podemos sumarnos a proyectos energéticos ciudadanos de producción de renovables (en la web de Greenpeace hay un mapa), y utilizar muchos ingenios solares, como cargadores de móviles, de ordenadores, cocinas, hornos o duchas. El sol sale, por fin, para todos.

58

Pásate a la banca ética

Imaginemos una banca que no invierte en actividades especulativas ni nocivas para la sociedad o el medioambiente, y que no opera en bolsa porque sólo promueve proyectos en la economía real que contribuyen al desarrollo sostenible, humano, social, medioambiental y económico, como las energías renovables, la construcción sostenible, la agricultura ecológica, la atención a personas mayores, con discapacidad o en riesgo de exclusión social.

Ya puestos, soñemos que también financia proyectos de educación, de industria cultural, de eficiencia energética, de gestión de residuos, de reciclaje, de producción y comercialización de productos ecológicos, de cooperación internacional, de animación sociocultural y de comercio justo o solidario, así como empresas responsables, y que lo demuestra con una transparencia radical en sus cuentas e inversiones.

Pues bien, no es una fantasía, ni un sueño, ni una utopía, cambiarse a un banco ético (o con valores), además de ser muy fácil, es otro acto de consumo consciente tan relevante como contratar renovables, porque el capital que depositamos en ellos, sea mucho o poco, contribuye a construir un mundo mejor. En España existen dos bancos de este tipo desde hace más de una década, poseen ficha y estatus bancario otorgado por el Banco de España: Triodos Bank, de origen holandés, y Fiare, con raíces italianas, un banco cooperativo adscrito a la Economía Social y Solidaria. El primero tiene más oficinas, pero en general se opera con ellos por internet o telefónicamente. Es recomendable abrir la cuenta, ir pasando la nómina, las domiciliaciones, etc., y al acabar, cerrar la antigua.

Cobran alguna comisión, por ejemplo al sacar dinero de los cajeros, pues no tienen red propia y están obligados a pagar por usarla (aunque reembolsan algunas extracciones al mes), pero estaremos tranquilos de que nuestros fondos no acabarán invertidos en fuentes energéticas o tecnologías peligrosas (fósiles, nucleares), ni en actividades con explotación laboral o infantil, ni en la mercantilización del sexo o de los juegos de azar, ni en investigación científica en sujetos débiles, no tutelados o animales, ni en la industria peletera y la cría intensiva no ecológica, ni en proyectos que excluyan a minorías o categorías de población, y tampoco relacionados con regímenes que violen los derechos humanos, ni que fabriquen o vendan armas, ni con empresas o entidades acusadas de corrupción o que practiquen la ingeniería genética. Negocios que sí financian los bancos, las cajas y los seguros convencionales.

Y aunque parezca imposible, estas entidades atípicas en el sistema financiero actual no están solas, poseen lazos con otras del resto del mundo a través de entes como la Federación Europea de Bancos Éticos y Alternativos (FEBEA) o la Alianza Global para una Banca con Valores (GABV, por sus siglas en inglés). Son la alternativa a la banca convencional, no crean riesgos sistémicos ni impactos globales de los que luego haya que rescatarlas y su ratio de solvencia es mayor.[1]

59

Cámbiate a los seguros éticos

La banca y las aseguradoras son herramientas que necesitan las sociedades desarrolladas, pero desgraciadamente estos operadores de primer orden del modelo financiero actual se han desvirtuado y su objetivo es ganar cuanto más mejor, como sea. Para ello invierten nuestro dinero en armas, energías fósiles y nucleares, especulan con alimentos, bienes comunes, etc. Lo que sea, mientras dé beneficios...

Los seguros éticos también forman parte de las finanzas éticas y tienen los mismos principios que los bancos de la clave anterior: no invierten el dinero depositado en ellos en iniciativas especulativas o nocivas para el medioambiente ni para la sociedad, por lo que sería aplicable lo ya mencionado.

Los reconoceremos porque llevan el sello EthSI. Los venden alianzas como Caes, de aseguramiento ético y solidario, formada por las corredurías de seguros Arç (de Barcelona) y Seryes (de Madrid), que están adscritas a la

Economía Social y Solidaria y que los comercializan también a nivel nacional.

Se pueden contratar los más habituales: de hogar, multirriesgos, de empresas, de responsabilidad civil, de accidentes, de vehículos, de espectáculos, de colectivos, etc.Y dan un análisis objetivo al cliente del tipo de seguro que requiere, le explican qué necesita de verdad, incluso discriminan algunas coberturas. Muchas veces supone que la póliza salga más barata, porque las aseguradoras normales hacen paquetes y cobran por algunas inverosímiles.

60

Rehabilita y bioconstruye

En España, el 95 por ciento del parque inmobiliario está mal construido o desfasado, por lo que su eficiencia energética dista mucho del nivel más elevado o potencial, lo cual provoca emisiones y un gran gasto energético que abonamos los consumidores.

Afortunadamente existen alternativas sostenibles para construir, rehabilitar o aislar, sin la huella ambiental y la mala calidad de muchas de las construcciones convencionales. Este sector es muy contaminante y sus prácticas especulativas así como su demanda intensiva de materiales (cemento, acero, hormigón) suponen un notable impacto socioambiental global y no garantizan el derecho a una vivienda digna a mil millones de personas. Algunas de esas otras fórmulas son:

- *La arquitectura bioclimática.* Durante la fase de diseño incorpora medidas para el ahorro energético, también aprovecha los recursos disponibles (como el sol, la vegetación, la lluvia, el viento, etc.) para disminuir su huella ambiental, así como para reducir los consumos de energía.

- *La bioconstrucción*. Además de aplicar un diseño bioclimático, escoge materiales saludables con mínimo impacto y prioriza los naturales de rápida renovación (en menos de 10 años, como bambú, corcho, madera, cáñamo, paja, etc.), autóctonos (piedra natural, ladrillos de arcilla, arena, adobe), reciclados, reutilizados, de bajo consumo energético en su producción, pinturas vegetales o aislantes naturales (algodón, lana, corcho, arcilla expandida, vidrio celular). Con unas buenas prestaciones térmicas y un adecuado sistema constructivo reduce un 30 por ciento su consumo.
- *Las casas pasivas*. Poseen la eficiencia energética más elevada, se llaman también *nearly-zero energy buildings* porque reducen al máximo su impacto ambiental para que sea nulo o positivo. Para ello, compensan las emisiones de CO_2 de todo su ciclo de vida, poseen una correcta estanqueidad y bioconstrucción para minimizar su huella, usan energías renovables y su dependencia energética auxiliar de calefacción o refrigeración es mínima o nula porque consumen

hasta un 90 por ciento menos. Los sistemas de captación de refrescamiento y calentamiento pasivos gastan 15 kilovatios por hora y metro cuadrado al año, mientras que los normales rondan los 220 kilovatios.

Surgieron en los años setenta y se consolidaron a partir de 1988 al oficializarse el estándar constructivo alemán Passivhaus, que hoy es el más exigente energéticamente y el líder mundial. Consiguen la mejor calificación energética (A), y aunque pueden ser de un 5 a un 10 por ciento más caras que las construcciones ordinarias, con sus ahorros en luz y gas de entorno al 80 o al 90 por ciento, se amortizan en 5 o 10 años. En una reforma se puede pasar de una calificación energética D (la mínima del código técnico) a una B por un 2,22 por ciento más caro (21,6 euros por metro cuadrado), pero ahorrando un 44 por ciento en el consumo final, lo cual facilita la venta o el alquiler, y disminuye los costes de mantenimiento y aumenta la satisfacción de los usuarios por su mayor confort.

61

Utiliza tecnología responsable

No idolatraremos tanto a nuestros aparatitos, porque si viésemos cómo están hechos no nos parecerían tan irresistibles. La industria tecnológica extrae sus minerales en condiciones a menudo de explotación (también infantil),[1] suele impedir o dificultar la reparación de sus productos por parte del usuario, les aplica obsolescencia programada, al mismo tiempo que acumula demandas de sus empleados por enfermedades derivadas de su fabricación[2] o genera al año decenas de miles de toneladas de basura electrónica y plásticos, entre otras actitudes muy poco *cool*.

Aunque aún no hay muchas opciones responsables, algo se puede hacer:

- *Segunda mano*. Siempre es una buena elección, porque alarga la vida de estos artículos, que cada vez se reemplazan más pronto, y además es más asequible.

- *¿Opciones sostenibles?* De momento sólo existe Fairphone en telefonía, un móvil que está ampliando gradualmente la trazabilidad de sus minerales para asegurar que estén libres de conflicto. Se puede actualizar, está hecho para durar y para poderse reparar, pero no es de comercio justo ni cien por cien sostenible, porque la multitud de componentes que poseen los aparatos electrónicos (plásticos, minerales, cristales, semiconductores, chips, etc.) los hace mucho más complicados de fabricar bajo esos estándares. Pero esta empresa holandesa demuestra que con voluntad se puede producir, poco a poco, de forma más justa para las personas y el medioambiente.
- *Bajo consumo.* Si pensamos adquirir electrodomésticos (lavadora, secadora, lavavajillas, frigorífico, congelador, horno, aspiradora, climatizadores, etc.), conviene mirar su etiqueta de consumo de kilovatio hora anual (o del ciclo de vida). Son siete categorías: desde el verde más intenso, de mayor eficiencia (A+++), pasando por el más claro (A+ y A++), hasta el rojo (D), el menos eficiente.
- *Operadores de telefonía.* Frente a los convencionales, que, junto con las eléctricas, son las compañías que más quejas acumulan de sus usuarios, existe Somos Conexión, un operador cooperativo adscrito a la

Economía Social y Solidaria, donde los clientes son socios y participan en la toma de decisiones. Les ocurre como a las comercializadoras de renovables: para dar servicio deben utilizar la cobertura y pagar un porcentaje a las grandes operadoras (Movistar, Vodafone, Orange y Yoigo), puesto que está regulado por ley que las antenas de telefonía móvil estén en sus manos. Ironías del libre mercado, éste es otro sector supuestamente liberalizado donde no existe libertad real.

Y, por supuesto, hagamos un buen uso de la tecnología, con moderación, sobre todo para tareas necesarias, sin que nos absorba la psique y el tiempo, y sin exponer información personal sensible en las redes sociales. Ya se sabe, cuando algo es gratis suele ser porque que el producto somos nosotros.

62

Ahorra energía y agua en casa

Aislar bien, autoconsumir energía y elegir los aparatos de bajo consumo son los principales ahorradores energéticos domésticos. Pero otros factores también suman:

- *Reducir (o minimizar) los electrodomésticos y artículos electrónicos.* Aunque no lo creamos, hay muchos que son prescindibles: las cafeteras de cápsulas (que contaminan de residuos el mundo, hasta su creador se arrepintió de haberlas ideado), la licuadora, el cepillo de dientes eléctrico (desechándolo evitamos microplásticos al planeta y al organismo) o las secadoras de ropa (salvo en climatologías extremas).
- Otros son minimizables: la plancha (utilizarla sólo si es necesario reduce su huella ambiental), los secadores o planchas de pelo (su uso excesivo daña el cabello, que se puede secar al aire). También es posible usar menos el horno y no abrirlo cuando

esté encendido, pierde una cuarta parte del calor. O desconectar el *stand by* de los aparatos y emplear regletas para apagarlos todos a la vez, así se consume un 7 por ciento menos.

- Muchos se pueden regular para reducir su demanda energética: poner el aire acondicionado entre 26 y 24 grados. Además podemos evitar exponerlo a entradas de aire caliente, al sol o a fuentes de calor y limpiarle los filtros regularmente. Con la calefacción entre 15 y 22 grados, cada kilovatio menos de potencia al año ahorra 40 euros del total del coste anual. Asimismo, poner el frigorífico entre los 3 y los 5 grados, abrir sus puertas lo menos posible y no introducir comida caliente ahorra de un 15 a un 17 por ciento.
- *Potenciar la eficiencia.* Pueden lograrse mediante pequeños gestos, desde cambiar las bombillas que se rompen por otras de bajo consumo o LED (especialmente las que permanezcan encendidas durante más tiempo) hasta cocinar: empleando el fuego más pequeño posible respecto del tamaño del recipiente (consume un 40 por ciento menos de energía), tapando las sartenes y las ollas (ahorra dos tercios), aprovechando el calor residual de la cocina, del horno o la vitrocerámica para terminar de cocinar, usando ollas a presión (que también

economizan tiempo y energía), descongelando los alimentos en la nevera (así consumimos menos energía y luego se hacen mejor), o alejando el frigorífico del calor (horno, microondas, lavavajillas, lavadora) y manteniéndolo limpio por detrás y por debajo, así como asegurarnos de que sus puertas cierran herméticamente. Y si está medio vacío, podemos evitar el derroche energético metiendo recipientes con agua: el aire no retiene el frío, pero los alimentos y las bebidas sí.

- En una casa sin jardín, el baño supone el mayor gasto hídrico, un 65 por ciento. Darse una ducha tiene menor impacto que bañarse si dura de 5 a 10 minutos, gasta tres veces menos energía y cuatro veces menos agua, unos 200 litros. Cerrar el grifo o poner el tapón durante el afeitado, enjabonado y cepillado de dientes (o valerse de un vaso para enjuagarse) ahorra unos 20 litros.[1] También hay reductores de caudal o aireadores que disminuyen el uso hídrico de un 45 a un 50 por ciento. Se puede reducir unos litros la carga del inodoro introduciendo botellas con agua, y no emplearlo como papelera porque se desperdician de 9 a 10 litros cada vez que tiramos de la cadena y se atascan las tuberías. También para ahorrar más recursos hídricos es interesante lo aludido en la clave 56.

63

Olvídate del coche todo lo que puedas y practica la movilidad sostenible

Desde nuestro próximo desplazamiento podemos empezar a reflexionar sobre cuáles son los medios de transporte que mejor se adaptan a nuestro recorrido y que tienen un impacto menor.

Conducir un coche es el acto individual más contaminante que puede realizar la ciudadanía (para un millonario sería pilotar un jet). Además, es el bien de consumo central de esta economía basada en las energías fósiles que asfixian al globo, y expone a un tercio de los europeos a niveles excesivos de partículas nocivas en aire, mientras cien millones de personas en todo el mundo viven en zonas donde es insano y se producen siete millones de muertes al año por su mala calidad.[1]

Por otro lado, crea problemas de suelo, atascos, accidentes, demanda muchos recursos para su fabricación y es una industria de «armas tomar», porque casi todas las casas de automoción tienen una división militar en la que hacen desde equipamiento hasta armamento.

Moverse sosteniblemente implica priorizar el transporte público y la movilidad activa (ir a pie o en bicicleta). Si no queda más remedio que moverse en coche, se puede optar por los eléctricos e híbridos, contaminan menos pero no son ecológicos, nuestras piernas sí. Los primeros son más recomendables para recorridos urbanos por la dificultad que aún supone encontrar puntos de carga.

La oferta de plataformas colaborativas de *carsharing* (para compartir coches) y *carpooling* (alquilarlos por horas) permite usarlos sin tener que comprarlos. Som Mobilitat es una cooperativa catalana sin ánimo de lucro de la Economía Social y Solidaria que posibilita alquilar coches eléctricos por horas sin incurrir en los impactos sociales, laborales o fiscales de empresas como Uber o Cabify.

La combinación de todos estos medios descongestionan las urbes, mejoran su aire y poseen beneficios para nuestra salud física y mental. Pero si finalmente nos ponemos al volante de un coche convencional, ahorraremos energía y combustible con una buena conducción, es decir, sin acelerones ni frenazos frecuentes y manteniendo el motor por debajo de las 2.500 rpm (en los de gasolina) o las 2.000 rpm (en los de diésel), porque así se contamina un 82 por ciento menos.

También es aconsejable apagar el motor cuando nos detengamos más de un minuto (al ralentí consume cada tres minutos como lo haría de 1 a 50 kilómetros por hora), escoger la ventilación mecánica y cerrar las ventanillas (abiertas aumentan la resistencia aerodinámica, lo cual consume más), usar el aire acondicionado sólo cuando sea estrictamente necesario (aumenta un 30 por ciento su gasto en ciudad y un 17 por ciento en carretera), no cargar el coche en exceso y sin necesidad (dejar la baca puesta sin utilizarla nos cuesta un 30 por ciento más), llevar los neumáticos del ancho adecuado e inflarlos bien (reduce la resistencia aerodinámica, ahorra combustible y emisiones), cambiar el filtro del aire (evita el 10 por ciento del gasto por kilómetro y protege el motor), hacer puestas a punto (lo reduce un 4 por ciento) y emplear un aceite adecuado (lo disminuye un 2 por ciento).

64

Cuando viajes, huye del «todo incluido»

El turismo masivo y este tipo de ofertas parecen democratizar que cada vez más gente pueda conocer otras latitudes, pero también contribuyen a las emisiones globales, a la gentrificación y a la degradación socioambiental.

Frecuentemente el dinero que empleamos en estos viajes beneficia, sobre todo, a las principales corporaciones turísticas y hoteleras, a las inmobiliarias, a los grandes turoperadores y a las líneas aéreas (al llevarse la mayor parte del desembolso), no a la comunidad receptora de turistas. Ni tampoco suponen un intercambio cultural real.

Por el contrario, en el turismo sostenible, o responsable, la palabra clave es «respeto». Siempre que sea posible, privilegia el tren o el barco frente al avión, los cruceros o el transporte por carretera (más contaminantes). También huye de la masificación y opta por grupos y proyectos pequeños o medianos para dejar la menor huella ecológica posible. Ayuda a potenciar la cultural local, a redistribuir la riqueza generada por la actividad turística entre los pequeños negocios de la comunidad visitada y a generar empleos de calidad. Esto sí acaba redundando en el desarrollo sostenible de los destinos y en una interacción cultural real entre visitantes y visitados.

Para conseguir buenos precios siempre es mejor planificar con tiempo. No está demás recibir asesoramiento de agencias (como Agrotravel Turismo Responsable, o Khoam, entre otras), pero si lo organizamos nosotros mismos, reservemos alojamientos autóctonos, consumamos en comercios o restaurantes locales, contratemos guías o empresas nativas, etc., con el objetivo de que la mayor parte del dinero invertido en el viaje genere prosperidad en esa localidad. Y una vez allí, comportémonos como buenos huéspedes. *Bon voyage!*

65

Utiliza la economía colaborativa, si no es abusiva

Compartir es amar. La economía colaborativa, *sharing economy* o consumo colaborativo posibilita a particulares y a empresas hacerlo, así como disfrutar, alquilar, intercambiar, reutilizar, donar o usar bienes y servicios sin tener que comprarlos, optimizando la vida útil de lo ya producido (herramientas, maquinaria, parafernalia infantil, ropa, material escolar, tecnología, enseres, vehículos, casas, etc.) y, de paso, ahorrando recursos terrestres.

Este modelo se consolidó con la crisis y el auge de plataformas con millones de usuarios para compartir vehículos, como BlaBlaCar y Carpooling, o viviendas, como Airbnb. Y se ha ido diversificando por todos los sectores de múltiples maneras, incluso por el financiero, donde hay desde empresas como Kantox, especializada en divisas, hasta los trescientos Bancos del tiempo (en los que no hay necesidad de usar dinero) que hay en España. La web *Consumo Colaborativo* posee un directorio muy amplio de ellas, y algunas resultan útiles. Pero no están exentas de polémicas (como Uber o Cabify con el sector del taxi, o Airbnb en el turístico) por su escasa contribución fiscal o por precarizar el empleo allí donde se implantan. Por eso están surgiendo proyectos colaborativos cooperativos como Fairbnb.coop, la alternativa justa y fiscalmente responsable a Airbnb.

Todas estas plataformas entre iguales o *peer to peer* nos han ido acostumbrando a nuevos vocablos como *bike sharing* (compartir bicis), *car sharing* (coches), *park sharing* (plazas de aparcamiento). Y también han visibilizado otras formas de convivir como el *cohousing* (viviendas colaborativas en las que sus diversos asociados deciden desde el diseño a la organización, y que también pueden ser sostenibles), los *coworking* (espacios compartidos de trabajo), los huertos colectivos, o los grupos de consumo (clave 49).

Pero, de entre todas las fórmulas posibles que se van generando y que sin duda seguirán apareciendo, lo importante es aprender a distinguir entre las que poseen unos pilares socioambientales solventes y aquellas en las que su ánimo de lucro está por encima de todo. Porque abusar no es amar.

66

Reduce y minimiza

Ambas son acciones preventivas que disminuyen el volumen de materiales y futuros residuos, por ejemplo, consumiendo y utilizando menos de todo: detergente, champú, dentífrico, ropa (clave 53), decoración (clave 69), tecnología (clave 61), cosméticos (clave 54), productos de limpieza (claves 55 y 56). También se puede trasladar a muchos aspectos de la vida cotidiana, como a los plásticos (clave 51), al coche (clave 63), a las energías fósiles (clave 57), al consumo de agua y electricidad (clave 62), o a otros no menos importantes como el desperdicio alimentario: pensemos que tirar una hamburguesa malgasta 2.500 litros de agua, energía, piensos y vidas de animales.[1] La campaña No al Cubo informa a los consumidores sobre el asunto,[2] además hay muchas otras iniciativas con las que colaborar, como:

- *Bancos de Alimentos.* Recogen comida para gente en riesgo de exclusión social.[3]

- *La nevera solidaria.* Red que pone los excedentes a disposición de esas personas.[4]
- *Espigoladors.* Sensibilizan sobre el aprovechamiento y cocinar. Su marca Im-perfect comercializa productos alimentarios, de calidad, de excedentes vegetales.[5]
- *Pont Alimentari.* Conciencia a restaurantes, *caterings* y comercios para que no desperdicien alimentos y apoyen con ellos a colectivos vulnerables.[6]
- *Aunar.* Recoge comida de la restauración y tiendas de Vizcaya con el mismo fin.[7]
- *Coomida.* Es una plataforma que facilita donar alimentos en buen estado y que no se van a consumir (de particulares, hostelería, productores, comercios, distribuidores, etc.).[8] Y la de *Yo no desperdicio*, de la ONG Prosalus, ayuda a compartirlos, también tiene aplicación para móvil.[9]
- *Wakaiti* es otra aplicación que conecta establecimientos de comida elaborada con clientes finales para vender a un precio más bajo lo que se va a tirar.[10] Al igual que *Ni las migas*, que permite a los consumidores encontrar alimentación en perfecto estado que no ha sido consumida.[11]

En casa podemos aprovechar las verduras o frutas estropeadas (no podridas) recortando 1,5 centímetros desde la zona magullada (para hacer macedonias, zumos, gazpachos, salsas, vinagretas, salmorejos, sofritos, batidos), también las sobras de carne o pescado (para croquetas, albóndigas, empanadas, canelones) o el pan y los bizcochos secos (para pudin, torrijas y picatostes salados o dulces).

La fecha de consumo preferente, al contrario que la de caducidad, no implica ningún riesgo para la salud, sólo pérdida de textura, sabor o calidad óptima. Los yogures tardan días en caducar y los huevos se pueden cocer, así aguantan dos o tres días más. Conviene organizar la nevera, priorizar lo que se va a deteriorar, manipular bien el alimento y congelar antes de que se estropee.

67

Reutiliza y repara

Antes de tirar algo preguntémonos si es posible volver a usarlo o arreglarlo, muchas cosas son susceptibles de tener una segunda vida. De hecho, casi todas: desde cajas o tarros de cristal (para almacenar, hacer regalos, decorar), ropa rota (para trapos de limpiar), cartones (para manualidades o para aislar en la jardinería), neumáticos (con los que hacer parterres), palés (para hacer muebles, huertos escalonados, verticales o mesas de cultivo), telas y botellas (para construir jardineras, elementos metálicos para hacer trepadoras)...

Se pueden reutilizar pertenencias de otros (amigos, familiares, desconocidos) pues muchas veces es una mirada ajena, sin prejuicios, la que le encuentra utilidad a ropa (clave 54), muebles, enseres o elementos decorativos arrumbados (clave 69).

Al año se producen 150.000 millones de prendas, un 40 por ciento de las cuales no se usan, y 9 de cada 10 juguetes acaban en el vertedero. Por eso, sobre todo en fechas prenavideñas, se organizan intercambiadores donde cambiar ropa y juegos infantiles que están en buen estado pero infrautilizados.

Por otro lado, algunos restos de comida y vegetales, no aprovechables para cocinar, se pueden compostar para realizar abono y fertilizar el suelo. Algunos ayuntamientos recogen ya residuos orgánicos, pero también se puede poner en práctica en casa para abonar las macetas, el jardín o el huerto.

Aparte de reutilizar, exijamos nuestro derecho a reparar, es decir, a tener acceso fácil a información para realizarlo, repuestos, herramientas y un diseño del producto que haga esto posible a un precio razonable. El 77 por ciento de los europeos lo prefiere antes que comprar, pero la imperante cultura del «usar y tirar» hace que el servicio técnico lo desaconseje, que resulte más caro, que manualmente sea imposible o que no haya repuestos.[1] Así, seguimos consumiendo (moda, electrónica, muebles) y llenando el mundo de deshechos.

Sólo de basura electrónica se genera al año el peso de 4.500 torres Eiffel. Se podría hacer una fila con ella de Nueva York a Bangkok, ida y vuelta.[2]

El movimiento de los reparadores (o *reparing*) está cada vez más extendido, hay 7.500 *repair cafés* en el mundo que arreglan más de 13.000 artículos al mes. En España están en marcha iniciativas como Reparat millor que nou (o Reparar mejor que nuevo), en Cataluña, que permite autorreparar todo tipo de objetos, entre otras muchas.

Kyle Wiens, activista del derecho a reparar de California ha creado *Ifixit*, «Guías de reparación para todo, escritas por todos» (también disponible en español) para permitirnos entender los aparatos y arreglar los principales nosotros mismos. Un acto que empodera, que nos hace valorar más los bienes y que nos vuelve más ingeniosos no sólo individualmente, también empresarialmente, como apuntó *The Economist* en 2018.[3] Todo es contemplar cada cosa con buenos ojos, con creatividad las posibilidades no se agotan y los recursos terrestres tampoco.

68

Recicla

Este proceso convierte materiales desechados en otros objetos, optimizando su uso y reduciendo la basura. Si se trata de aparatos electrónicos, está incluido en su precio de compra, así que reclamemos a las empresas que se hagan cargo de él. Se deben reciclar responsablemente para reutilizar las piezas o materiales útiles, y porque además pueden ser tóxicos para el entorno: una nevera mal reciclada emite tantos gases de efecto invernadero como un coche a lo largo de 15.000 kilómetros, el fósforo de una televisión puede contaminar 80.000 litros de agua y una pila de mercurio, un pantano entero.

En cambio, reciclar dos toneladas de plástico equivale a no usar una de petróleo bruto, el papel reciclado impacta tres veces menos en la madera que fabricarlo nuevo: una tonelada (unos 7.000 periódicos) equivale a no talar 13 árboles medianos y ahorra 4.000 kilovatios hora, una cifra proporcional a lo que gasta una vivienda de tres habitaciones en un año. Y una botella de cristal reciclado implica 10 veces menos energía que fabricarla nueva; también evita extraer roca de sílice y por cada kilo de vidrio se puede hacer otro reciclado.

Además, los sistemas de depósito y retorno de envases de muchos lugares han demostrado ser muy eficaces eliminado un 90 por ciento de ellos. En España, curiosamente, encuentran un gran opositor en Ecoembes, una organización formada por las grandes compañías de envases, obligadas por ley a establecer un sistema de gestión de residuos por el impacto que provocan pero que no quieren asumir esos costes íntegramente, por eso su modelo actual no permite reciclar tanto como se podría.

Se entiende por *downcycling* el reciclaje cuya nueva vida es «inferior» (como la ropa troceada que rellena las carrocerías de los vehículos o los sofás), y por *upcycling* aquel que tiene un resultado «superior» (como los residuos de PET empleados para fabricar fibras para ropa, o los neumáticos aplicados al mobiliario urbano). Pero es importante que los artículos resultantes hayan pasado por procesos de optimización química, puesto que muchos materiales (plástico, metal, tejidos, etc.) contienen aditivos químicos y si durante el proceso no se retiran, neutralizan o se añaden nuevos (como pegamentos, etc.), pueden acabar liberados al aire por sí mismos, por fricción o erosión.

El reciclado entraña más complejidad de lo que pensamos. Ni todos los plásticos (o materiales) se pueden reciclar, ni tampoco es la panacea para todos los residuos. Hoy sabemos que mezclar materiales técnicos y biológicos a gran presión y temperatura, hace que los productos sean imposibles de reciclar. También si su fabricación implica más de diez procesos. Asimismo, no debería llevarse a cabo si su gasto energético es mayor al derivado de aprovecharlo de otra forma, como ocurre en Europa, donde se exige el reciclaje de embalajes de polipropileno (los típicos alimentarios). Y tampoco si empeora su calidad, como sucede al fundir latas de refresco vacías compuestas por distintos tipos de aluminio.

El principal problema suele residir en que en la fase de diseño de los bienes de consumo simplemente no se piensa en esto. Por eso, antes de ponernos a reciclar, reduzcamos, reutilicemos y reparemos.

69

RedECOra tu vida

No necesitamos darle una vuelta a la estética hogareña cada temporada, otra cosa es que nos apasione la decoración, o que en determinados momentos se imponga «redecorar» porque atravesemos tránsitos relevantes (independizarse, tener hijos, etc.). Pero las pertenencias importantes (de viajes, de personas queridas, o realmente útiles) nos acaban acompañando siempre.

Tampoco tenemos por qué adquirir todo nuevo, tiene mucho encanto heredar muebles (de la familia, de amigos, encontrados), intercambiarlos, acicalar los antiguos con una manita de pintura ecológica (o un buen lijado y un barniz natural) o restaurar las antigüedades.

Los rastros, mercadillos, etc., son lugares interesantes donde proveernos de objetos decorativos o mobiliario con personalidad. También se venden de madera certificada con FSC (que asegura que sean bosques gestionados responsablemente) o de Madera Justa (con doble certificación: FSC y de comercio justo). E incluso hay empresas con estándares sostenibles como Ambients Saludables o Mobles 114.

La compra de cercanía puede ser muy resolutiva para conseguir vajillas, menaje o decoración procedente de artesanos, de creadores locales o de comercio justo (clave 45). Existe ropa para la casa (sábanas, fundas, toallas) de tejidos orgánicos, edredones y almohadones con rellenos vegetales (por ejemplo de fibras de vainas de ceiba) o colchones de látex natural. Portales como *Ekoideas* u *Olokuti*, entre otros, los accesibilizan. Lo importante es comprar lo estrictamente necesario y de buena calidad.

Las paredes o superficies se pueden recubrir con revocos de tierra, pinturas de arcilla, madera tratada de forma natural, piedra, baldosines hidráulicos, cañas, cal, esteras de esparto, materiales vegetales ecológicos (madera, corcho, arroz, papel, lino, bambú, rafia, fibra de yute, coco o cualquier otro de renovación rápida), o bien reutilizados e incorporados sin colas químicas.

Y, sobre todo, aunque nuestra casa sea nuestro santuario, o nuestro cuartel general, entendámosla más allá del armario, de las pertenencias, de la cocina, de la terraza o del baño. Hagamos de la calle, del barrio, de nuestra comunidad, de nuestra ciudad, del mundo rural y del globo un verdadero hogar.

70

Da ejemplo

Sobre todo a nuestros hijos e hijas, para que sepan lidiar con la sociedad de consumo a la que están expuestos desde edades muy tempranas. Si se van familiarizando con qué es consumir responsablemente, irán aprendiendo a discriminar entre todos los mensajes seductores que reciben o padecerán. Algo que le vendrá bien al mundo y a ellos el día de mañana. Pero más que aplicar un sermón, atraigamos con la diversión:

- *Alimentación.* Ir a comprar con ellos, explicarles por qué escogemos unos productos u otros, cocinar juntos y enseñarles a reconocer qué alimentos son sanos, frescos, ecológicos, de temporada o locales es uno de los mejores legados en salud y en cultura agrogastronómica que les podemos dejar. Muchos progenitores lo practican ya en casa y lo están demandando en los comedores escolares públicos de todo el país.

- *Productos de hogar.* Conviene optar por pocos y buenos, a ser posible naturales o ecológicos (clave 55), porque los peques van más cerca del suelo y chuperretean todas las superficies domésticas.
- *Artículos de higiene.* Antes de comprar cualquiera, leamos siempre su INCI para optar por los que no contengan sustancias sospechosas. Un simple aceite ecológico para la piel y un jabón vegetal es casi todo lo que los niños necesitan.
- *Ropa y chirimbolos múltiples.* La segunda mano, tanto de familiares como de amigos, es muy socorrida por todo lo que se puede llegar a acumular durante la crianza. También se puede practicar a través de aplicaciones o plataformas colaborativas.
- *Juguetes.* Conviene potenciar más el juego, la creatividad y la imaginación que el juguete en sí y su posesión material. Seamos conscientes de que todos albergan una concepción del mundo y un mensaje, pensemos en cómo el Monopoly nos acostumbró a la especulación inmobiliaria, el Risk a las luchas geoestratégicas de poder, o la Barbie nos introdujo modelos femeninos irreales y tóxicos.

  Además, cuando los adquirimos recompensamos su cadena de producción; resulta terrible que tras muchas marcas muy famosas exista explotación humana, incluso de menores, intentemos no fomentarla.[1] Afortunadamente hay opciones conscientes, como pinturas y plastilinas sin ingredientes perjudiciales, tiendas comprometidas (Jugar i jugar, Watermelon Cat Company, entre otras) y empresas (Ekilikua, por ejemplo) que ofrecen papelería ecológica, ecojuguetes y juegos cooperativos que promueven los derechos humanos e introducen conceptos como la sostenibilidad o la justicia social. O el portal *Edualter*, una red y plataforma de recursos de educación para la paz, la interculturalidad y el desarrollo, con propuestas pedagógicas para educadores, madres y padres. También existen muchas editoriales infantiles que publican libros maravillosos. Pero, sobre todo, juguemos y disfrutemos con los pequeños.

- *Tecnología*. En la medida que lo vayan requiriendo, démosles herramientas críticas e información para enfrentarse a ella: al móvil, a internet, a las redes sociales y al contenido digital a veces insolidario, violento, sexista o manipulatorio, para que lo filtren y reaccionen adecuadamente ante él.

71

Mima a tu mascota

No significa tratarla como una persona, vestirla como tal o sentarla a la mesa, sino respetarla como desearíamos que lo hicieran con nosotros si fuéramos de su especie.

- *Acogida.* La opción más responsable es acudir a las muchas perreras o refugios de animales que necesitan de un hogar. No los regalemos como si fueran juguetes. Una vez que se incorporen a la familia, nuestra obligación es alojarlos, alimentarlos y cuidarlos lo mejor que podamos durante toda su vida.
- *Comida.* Una alimentación sana también es la base de su salud. Evitemos los piensos con un alto contenido en cereales, decantémonos por las alternativas más naturales posibles y evitemos los colorantes, los saborizantes, los antioxidantes artificiales, los derivados de subproductos, los desechos alimen-

ticios y los ingredientes de baja calidad. En el mercado hay comida natural que carece de certificación, sin colorantes ni sustancias artificiales, con calidad ecológica. También las hay de marcas como Farm Food[1] (para perros) o GranataPet,[2] que ofrecen comida húmeda y pienso no extrusionado (para gatos y perros). Y existen marcas orgánicas con sello que certifica la procedencia de su carne, como Terra Pura (tanto para canes como para mininos).[3]

Y podemos volver a la buena costumbre de prepararla en casa. Es barato, sencillo y la mejor manera de saber qué están comiendo de verdad, así como de ofrecerles una dieta sana, variada y equilibrada.

- *Higiene.* Sí, también leer el INCI es recomendable para decantarse por los productos más naturales posibles y sin componentes nocivos. Para bañarlos es suficiente un buen jabón vegetal, el aceite esencial de árbol de té es un antiparasitario preventivo natural y podemos encontrar marcas de calidad biológica como Anibio.[4] La mejor arena para nuestros pequeños felinos, y para el medioambiente, es la vegetal, además no produce polvo y desprende menos olores.
- *Cuidados.* Existen clínicas veterinarias (como KineVet) que tratan las causas de los síntomas de sus

pacientes con terapias y prácticas lo menos invasivas posibles, prestando especial atención a su nutrición. Pero sobre todo, lo que más necesitan es jugar y mucho amor.

72

Consume y regala cultura

Con los tiempos que corren, la cultura es más necesaria que nunca. El *Diccionario* la define como el «conjunto de conocimientos que permite a alguien desarrollar su juicio crítico», o el «conjunto de modos de vida y costumbres, conocimientos y grado de desarrollo artístico, científico, industrial, en una época, grupo social, etc.».

Apoyando con nuestro dinero y con nuestro consumo bienes, servicios y experiencias culturales o educativas, entendidas en un sentido amplio (producción creativa, artesana, artística, científica, intelectual), contribuimos tanto al desarrollo individual como colectivo y elevamos el nivel crítico (o de reflexión) de nuestras sociedades.

La ciencia, la cultura y la educación son pilares indiscutibles para el progreso económico, social, medioambiental e intelectual de la ciudadanía. Su capacidad transformadora es evidente, favorecen la movilidad social y fortalecen la capacidad de las comunidades de adaptarse a los cambios, puesto que las hace más resilientes. Fomentémoslas siempre que podamos, acerquémoslas a nuestra vida y a la de los demás. Es el mejor regalo.

73

Descubre el placer de consumir responsablemente

Adoptar hábitos con menor impacto no debería ser aburrido, ni mucho menos una penitencia, o un calvario. Al contrario, disfrutemos de ello todo lo que podamos, de cada cambio, de cada experiencia, de cada acierto y error, de cada producto o servicio sostenible, del aprendizaje, de los compañeros y compañeras de viaje, de sus beneficios. Y sobre todo, de la fantástica sensación que reporta actuar positivamente para legar a las siguientes generaciones un planeta mejor, como muchos ya están reclamando.

El placer es una emoción imprescindible y poderosa, más aún en un proceso de aprendizaje como puede ser éste. Es fundamental para mantener nuestro compromiso, entusiasmo y curiosidad, además es más motivador para quienes quieran seguir nuestro ejemplo. Evitemos agobiarnos y bloquearnos. Pongámonos con aquello que más nos inspire, que veamos más realista, que nos venga más a mano o que consideremos como un reto positivo factible, y vayamos dando pequeños pasos sin perder la ilusión. Si sentimos que debemos tomarnos un respiro, no lo dudemos.

Llega un momento en el que todo se normaliza y los cambios son mínimos. Aunque la experiencia siempre se enriquece progresivamente con más conocimientos, relaciones u organización, todo fluye gracias a la propia inercia que hemos creado.

Consumir sosteniblemente no es un sacrifico, sino un acto razonable, puro sentido común. Se acabará imponiendo de manera pausada, o *slow*, pero inevitable para que el modelo productivo pueda asegurar el bienestar global. Mientras tanto gocemos con ello pero, sobre todo, disfrutemos de la vida.

EPÍLOGO

Si no vives como piensas, acabas pensando como vives

No creo que sea un ejemplo de nada, pero mi experiencia personal puede desdramatizar y desprejuiciar este proceso de consumir conscientemente que muchos tildan de imposible, difícil, árido e incluso utópico. Y aunque no está exento de sorpresas o avatares varios, no es el león tan fiero como lo pintan. Lo puedo asegurar.

Hago lo que puedo y según me voy organizando. No me levanté un día y decidí cambiar mis hábitos, ha sido algo gradual, un proceso de años, y aún sigo aprendiendo. Tampoco soy millonaria, tengo un presupuesto al que debo ceñirme como casi todo el mundo. El consumo sostenible no me obsesiona, simplemente es lo que creo que puedo hacer como buena huésped de la Tierra. No me ocupa mucho tiempo ni espacio mental, no creo que sea sano y no me interesa tanto, ni aunque sea responsable. Hay cosas muchísimo más importantes que consumir.

Cuando lo practico sólo intento ser consciente de sus implicaciones. Los cambios que he ido asumiendo han sido paulatinos, mis jornadas son tan ajetreadas como las de cualquiera, así que procuro ponérmelo fácil. Nunca he tenido un plan ni una estrategia; como dice Machado, se hace camino al andar. Con el tiempo he acabado construyendo nuevas rutinas (de artículos, de formas de adquirirlos, de hacerlos o de proveerme), un proceso lógico (u orgánico, nunca mejor dicho) en el que una cosa me ha ido llevando a la otra; con sus fallos y aciertos, ambos me han enseñado mucho.

Es bastante probable que mi profesión haya actuado como un acelerador del proceso porque a lo largo de los años me ha permitido informarme de manera fortuita y voluntaria, a través de fuentes muy diversas, sobre los abusos del modelo productivo actual y de las alternativas con menos impactos negativos existentes. Pero, paradojas de la vida, empecé a consumir conscientemente mucho antes de todo eso, y de manera muy inconsciente...

Durante muchos años no supe por qué mi piel reaccionaba a la mayoría de productos del mercado salvo a algunos poco naturales o ecológicos. Decían que la tenía muy sensible. Mucho más tarde me instruí sobre qué tipo de ingredientes podía contener la cosmética convencional, incluso la supuestamente natural, cómo se hace, etc., y me planteé que el problema igual no era mi epidermis.

Ahora uso cuatro veces menos artículos de higiene y cosméticos, sólo los necesarios. Mi pelo tardó un mes en acostumbrarse, pero mi piel estuvo encantada desde el primer día. He pasado de adquirir firmas europeas ecológicas a cosmética local. Me gusta mucho más, gasto menos y genero menor huella planetaria. Hago mi propio aceite corporal orgánico, en dos minutos, incluso me lo podría comer. También he aprendido a elaborar desodorante y pasta de dientes, que no hago habitualmente, aunque esta nueva destreza me ha sacado de algún apuro. Uso maquillaje ecológico y ningún perfume sintético, sólo aceites esenciales. Además de ahorrar, he ganado en espacio y tiempo.

El primer paso consciente de verdad fue la moda; ocupar puestos de responsabilidad en revistas femeninas y entrar en contacto con grandes corporaciones de la *fast fashion* y del lujo (muchas de ellas anunciantes de los medios en los que trabajaba) me hizo familiarizarme con sus contenidos, estrategias de producción, de marketing y su *modus operandi*. Por circunstancias al principio casuales, y luego del todo premeditadas, comencé a conocer los abusos en sus cadenas de producción (explotación laboral, infantil, de recursos, crueldad animal, sustancias tóxicas, residuos) y sentí que no quería contribuir con mi dinero a comportamientos que no estaban alineados con mis valores.

Como no conocía más opciones que la segunda mano, dejé prácticamente de comprar ropa durante casi tres años, pese a que me regalaban tarjetas de descuento y me agasajaban con *freebies*, esos regalos que le hacen las marcas a las estilistas y a las periodistas, sobre todo de moda. Resistirme a esas tentaciones me hizo darme cuenta de mis motivaciones al consumir y muchos de esos detonantes absurdos en los que no reparamos.

También me percaté de que ya tenía prendas de sobra para vestirme, incluso para compartir con unas cuantas mujeres más, pero de manera sistemática me ponía casi siempre el mismo tipo de piezas, muy pocas. Así que cuando comencé a descubrir marcas sostenibles, y a necesitar ropa, busqué lo que había identificado como mis básicos. El contenido de mi armario se ha reducido notablemente; las firmas sostenibles, la segunda mano, el *vintage*, la artesanía y el intercambio se han convertido en mis formas mayoritarias de aprovisionamiento. Conviven con ropa que he adquirido a lo largo de los años y que aún utilizo, me he deshecho de la otra de forma responsable. Ya no compro moda convencional. Pero mi mejor inversión textil, sin duda, han sido dos juegos de sábanas de algodón orgánico que disfruto todas las noches.

Cambiar la cuenta bancaria también fue un acto consciente al comienzo de la crisis, no quería tener mi dinero en una entidad que fuera parte del problema sino de la solución. Entiendo el capital como un medio, no como un fin, con capacidad de transformación positiva si hay voluntad, por eso elegí un banco ético. Opero por internet y por teléfono, intento evitar las comisiones que me cobran por extraer dinero de los cajeros organizándome para sacar dos veces al mes, porque esas las reembolsan. Y, cómo es lógico, me acabé pasando a los seguros éticos, además me salió más barato.

También el paso a las renovables fue un acto medioambiental premeditado frente al descaro de las grandes empresas eléctricas patrias. Contraté con una comercializadora cooperativa, pago lo mismo pero entiendo mi factura. He de confesar que, pese a que soy muy afín a su espíritu democrático y participativo, no he pisado aún ninguna asamblea y, visto mi ritmo de vida, es probable que no lo haga. Eso sí, leo todas las comunicaciones que mandan, me permiten conocer cómo va todo en la organización con transparencia y opinar. Nada que ver con la oligopólica de antes.

Actualmente utilizo una cuarta parte de los artículos de limpieza que solía; cuando comencé a comprar jabón ecológico (ropa, vajilla) opté por garrafas de cinco litros, así me olvidaba durante meses. Ahora las relleno en un comercio a granel cercano y reduzco envases. He minimizado bastante el plástico (a una bolsa de basura plástica mensual) y estoy reduciéndolo aún más, me he ido dando cuenta de que se puede. También lo he erradicado de los estropajos, la escoba, el cepillo de dientes y del pelo, o de la esponja (ahora son todos vegetales). Lo siguiente es eliminar las bayetas y la fregona sintéticas. Sólo voy cambiando las cosas cuando quedan irremediablemente inservibles y encuentro opciones que me convencen.

Consumir alimentación sana y sostenible fue algo que tardó en consolidarse porque, como le pasa a mucha gente, mis jornadas no me permitían dar con ninguna tienda abierta que no fuera un chino. Así que era presa de las grandes superficies en un 80 por ciento. Cuando pude organizarme, y tras investigar el grupo de consumo más próximo, me acabé decantando por un puesto del mercado (de productores ecológicos de cercanía), con servicio a domicilio y una tienda responsable. Me parecieron el plan más realista para mí. Aún sigo afinando, cocino mucho más, soy casi vegetariana (mi consumo de carne y de pescado al año es mínimo) y a este paso, sospecho que algún día seré vegana. Imagino que estoy en una especie de transición, no sé lo que durará pero procuro no aburrirme y comer sabroso.

Como mi madre nos enseñó a reciclar de pequeños, ahora separo con normalidad el cartón, el papel, el plástico y el vidrio. Desde hace más de un año, también los residuos orgánicos gracias a un programa de compostaje desarrollado por el Ayuntamiento de Madrid en varios distritos.

Seguramente uso la tecnología como la mayoría, más de la cuenta, aunque intento mantener un equilibrio y darle un buen uso. El periodismo implica que mi portátil y yo seamos como siameses, pero he aprendido a desconectar, incluso a perderme.

Hace poco que me he cambiado a un operador de telefonía responsable cooperativo, el único que hay de momento. No tuve que pagar el capital social porque pertenezco al Mercado Social de Madrid, una red de consumidores responsables y de entidades de la Economía Social y Solidaria que también hay en muchas otras provincias, y que tiene un acuerdo intercooperativo con ellos, entre otros. Círculos virtuosos que siempre vienen bien frecuentar. Su aplicación permite encontrar comercios responsables y también pagar en etics, su moneda social.

Cuando mi blackberry quedó obsoleta, me compré un Fairphone, es resistente hasta decir basta, le doy una vida bastante abrupta. Inevitablemente, hace poco se le estropeó el micrófono interno, ahora sólo tengo que encargar ese módulo y lo podré cambiar yo misma con facilidad. Será mi segunda experiencia de *reparing* (que nadie crea que soy una manitas ni mucho menos), me estrené con una lavadora heredada (como mi nevera o el equipo de música), de la que me negué a deshacerme porque sólo se le había roto una pieza para la que ya no había repuestos. Compré la más similar y conseguí que la retocasen hasta que encajó. Estuve a punto de recurrir a un comercio de impresión 3D para que me hicieran una nueva, pero fue una tienda tradicional la que combatió la obsolescencia programada. Parece que en breve tendré que enfrentarme a ella de nuevo, pero de otra forma: mi ordenador amenaza con no actualizarse...

La última vez que cogí mi coche habían pasado diez meses sin conducirlo. Recuerdo con horror las dosis diarias de conducción que me exigía mi trabajo anterior. Incluso llegué a calcular las horas que pasaba en él y era algo así como un tercio de mi existencia despierta. Me gusta el transporte público porque puedo leer y chequear mis emails en los trayectos, pero siempre que puedo voy andando a los sitios, es mi primera opción, me encanta pasear y deambular por las calles si tengo tiempo, soy algo así como una *flâneuse*.

Cojo algún taxi de vez en cuando y una vez hice *carpooling* con un eléctrico. Mi coche está viejito, así que ya tengo echado el ojo a un servicio local similar por si un día falla y resulta que lo necesito. Pero ya puestos a desplazarme, lo que realmente me gusta es viajar, e intentar ser más una viajera que una turista, planearlo con un poco de tiempo y optar por alojamientos y comercios locales, aunque por trabajo he hecho innumerables vuelos, nacionales e internacionales, para estar un día o dos en una ciudad, con sus consiguientes emisiones. Nadie es perfecto.

En todo este proceso, que continúa, sobre todo no me estreso. Mi consumo se ha reducido muchísimo, es incomparablemente más sano para mí, para el entorno, para los implicados en su producción y, por supuesto, es más justo y más sostenible, porque no quiero fomentar con mi dinero formas de operar manchadas de abusos, malas praxis y tragedias, pero es todo bastante evidente, como podéis comprobar: no vivo en una ecoaldea, sino en una gran capital, en un piso rehabilitado de una casa de hace un siglo. No voy vestida de duende, nadie se percata de qué visto porque mantengo mi estilo de siempre. Llevo una vida tan corriente o extraordinaria como la de cualquiera, según el día. Procuro vivir y comportarme como pienso, a veces es todo un reto, pero siempre es gratificante. Hubo una época en que no vivía como pensaba, pero afortunadamente no acabé pensando como vivía, sino encontrando soluciones y aliados.

Notas

Prólogo: El consumo que no nos consume

1. Datos del Programa de Naciones Unidas para el Desarrollo Sostenible (PNUD).

2. Ministerio de Agricultura, Alimentación y Medioambiente, *Cambio Climático: Bases físicas. Guía resumida del quinto informe de evaluación del* IPCC. *Grupo de trabajo I* (noviembre de 2013).

Primera parte
Consumidores al borde de un ataque de compras

1. Simplifica: cubre tus necesidades reales, nunca tendrás suficiente de lo que no necesitas

1. Abraham Maslow, *A theory of human motivation*, Merchant Books, 1943.

2. Isabel Vilches, «Vestiaire Collective, la web de compraventa de segunda mano de lujo que arrasa», *Expansión*, 29 de noviembre de 2017.

2. Antes que consumidores, somos habitantes del planeta, seres humanos y ciudadanos

1. Stuart Ewen, *Captains of Consciousness: Advertising and the Social Roots of the Consumer Culture*, Nueva York, McGraw-Hill, 1976.

2. Pablo Francescutti, «Día a día del cambio climático», *El País Semanal*, 8 de enero de 2006.

3. Ministerio de Agricultura, Alimentación y Medioambiente, *Cambio Climático: Bases físicas*.

3. Descubre los detonantes de tu consumo

1. Antonio R. Damasio, *El error de Descartes: la emoción, la razón y el cerebro humano*, Santiago de Chile, Andrés Belló, 1994. Y Amy A. Winecoff *et al.*, «Ventromedial prefrontal cortex encodes emotional value», *Journal of Neuroscience*, 33, n.º 27 (julio de 2013), pp. 11032–11039.

2. *El País Semanal*, mayo de 2015.

4. Barato es evitar comprar lo innecesario

1. Datos de *Asian Floor Wage*.

7. Desmitifica: ninguna marca ni ningún producto son más únicos que tú

1. Marcelo Ghio, *Oxitobrands: marcas humanas para un mercado emocional*, s.c., Marcelo Ghio, 2017, pp. 50–54.

2. Clean Clothes Campaign, *Italian living wage report* (2014).
3. *Ibid.*

8. Tus posesiones materiales no te van a hacer sentir más seguro, ni te van a decir «te quiero»

1. Elizabeth Dunn *et al.*, «Spending money on others promotes happiness», *Science* 324, n.º 5931 (mayo de 2008), p. 1143, <https://www.ncbi.nlm.nih.gov/pubmed/18356530>.

10. Replantéate las recompensas rápidas

1. Ministerio de Sanidad, Consumo y Bienestar Social, *Encuesta sobre alcohol y otras drogas en España (EDADES), 1995–2017* (2017–2018).

12. Pregúntate qué hay tras los bienes y servicios que piensas adquirir

1. Confederación Sindical Internacional, *Scandal: Inside the Global Supply Chains of 50 Top Companies* (Bruselas, 2016).
2. Datos del Boletín Agrario.

13. Acostúmbrate a leer las etiquetas

1. Clean Clothes Campaign, *Italian living wage report*.
2. Datos de México provenientes de Manufactura (información estratégica de la industria) y de Brasil calculados a partir de su salario mínimo.

15. Sé cauto

1. Véase <www.ethicalconsumer.org/aboutus/ethicalconsumerat25/thebestandworstofthelast25years.aspx>.

2. Observatorio de la Sostenibilidad, «Empresas más contaminantes de España», 2017.

3. Véase <www.hallofshame.com>.

21. La economía no se irá a pique si comenzamos a consumir sosteniblemente

1. Brenda Chávez, *Tu consumo puede cambiar el mundo*, Barcelona, Península, 2017, p. 32.

22. Consume menos y mejor

1. Programa de las Naciones Unidas para el Medio Ambiente, *Emissions Gap Report 2018* (Nairobi, 2018), <https://wedocs.unep.org/bitstream/handle/20.500.11822/26879/EGR2018_ESEN.pdf?sequence=10>.

23. Rodéate de círculos virtuosos, la unión hace la fuerza

1. BBMG, «From Obligation To Desire: 2.5 Billion Aspirational Consumers Mark Shift in Sustainable Consumption», GlobeScan, 3 de octubre de 2013.

2. Datos del Aspirational Consumer Index de 2013.

3. OCU y Foro NESI, *Otro consumo para un futuro mejor* (febrero de 2019).

30. No escatimes en tu bienestar real

1. Chávez, *Tu consumo puede cambiar el mundo*, pp. 175 y 426.

2. Datos del World Food Programme de la ONU de 2015.

3. Datos de la OMS de 2013.

4. Ashkan Afshin *et al.*, «Health effects of dietary risks in 195 countries, 1990–2017: a systematic analysis for the Global Burden of Disease Study 2017», *The Lancet*, 3 de abril de 2019, <www.thelancet.com/journals/lancet/article/PIIS0140-6736(19)30041-8/fulltext>.

5. Vía Campesina y Grain, «La soberanía alimentaria: 5 pasos para enfriar el planeta y alimentar a su gente», *Biodiversidad* 83, enero de 2015.

6. Kistiñe García y Dolores Romano, *Directo a tus hormonas. Guía de alimentos disruptores. Residuos de plaguicidas con capacidad de alterar el sistema endocrino en los alimentos españoles*, Ecologistas en Acción (2018), p. 15.

7. Miguel Moro Vallina, *Vivir con Menos. Prácticas para ahorrar y cuidar la Tierra*, Oviedo, Nobel, 2012.

8. Comunicado de prensa de la OMS, 25 marzo de 2014.

31. Tu salud y la del planeta están unidas

1. FAO, *The State of food and agriculture. Climate change, agriculture and food security* (Roma, 2016), <http://www.fao.org/3/a-i6030e.pdf>.

2. Chávez, *Tu consumo puede cambiar el mundo*, pp. 187–190.

Segunda parte
Qué consumir por nosotros y por el planeta

1. Universidad de Ciencia y Tecnología de Trondheim, «This is how your personal consumption affects the climate», *Gemini*, 23 de febrero del 2016.

41. Come alimentos frescos

1. Michael Pollan, *Saber comer (64 reglas básicas para aprender a comer bien)*, Barcelona, Debate, 2012, p. 65.
2. Carlos Montenteiro *et al.*, «The UN decade of Nutrition, the NOVA Food Classification and the Trouble with Ultra-processing», *Public Health Nutrition* 21, n.º 1 (enero de 2018), pp. 5–17.
3. Carlos Ríos, *Come comida real: Una guía para transformar tu alimentación y tu salud*, Barcelona, Paidós, 2019, pp. 21–22.
4. Chávez, *Tu consumo puede cambiar el mundo*, p. 122.

42. Evita las grandes superficies

1. Stacy Mitchell, «The Economic Impact of Locally Owned Businesses vs. Chains. A case study in Midcoast Maine», Institute for Local Self-Reliance, 1 de septiembre de 2013, <www.newrules.org/retail/midcoaststudy.pdf>.
2. David López, «La nevera globalizada», *El País Semanal*, 4 de mayo de 2014.
3. Chávez, *Tu consumo puede cambiar el mundo*, pp. 110–134.
4. Aitor Sánchez, *Mi dieta ya no cojea*, Barcelona, Paidós, 2018, p. 67.

43. Elige productos locales, de cercanía y temporada con los mínimos intermediarios posibles

1. Ecologistas en Acción, *La agroecología: hacia un nuevo modelo agrario* (Madrid, 2010).

44. No les des más poder a las multinacionales, ya tienen demasiado

1. Chávez, *Tu consumo puede cambiar el mundo*, p. 38.

2. William Milberg y Deborah Winkler, «Actual and perceived effects of offshoring on economic insecurity: The role of labour market regimes», en OMC y OIT, *Hacia una globalización socialmente sostenible* (Ginebra, 2011).

3. Naomi Klein, *No logo*, Barcelona, Paidós, 2011, pp. 240–245.

4. Conferencia de las Naciones Unidas sobre Comercio y Desarrollo, «Informe sobre el comercio y el desarrollo», 1997.

5. CCOO, «Competitividad y costes laborales en España», *Área de Estudios Económicos* 49, noviembre 2011.

6. Cálculos de Oxfam Intermón.

7. Christian Felber, *Dinero. De fin a medio*, Barcelona, Deusto, 2014, p. 179.

8. Joan-Eugeni Sánchez, «El poder de las grandes empresas multinacionales», en *Diez años de cambios en el mundo, en la geografía y en las ciencias sociales, 1999–2008*, X Coloquio Internacional de Geocrítica, Barcelona, Universidad de Barcelona, mayo de 2008. Y Greenpeace, *Los Nuevos Conquistadores: Multinacionales españolas en América Latina. Impactos económicos, sociales y medioambientales* (septiembre de 2009).

45. Adquiere productos de comercio justo siempre que puedas

1. Coordinadora Estatal de Comercio Justo, *El comercio justo en España 2016. Convergencias con la Agenda 2030* (septiembre de 2017).

46. En la medida de lo posible, compra productos agroecológicos

1. Ecologistas en Acción, *La agroecología.*
2. Ecologistas en Acción, *Agroecología para enfriar el planeta* (Madrid, 2011).

47. Si comes carne o derivados de procedencia animal, que sean ecológicos

1. Datos de la ONG Igualdad Animal.
2. Stephen Burgen, «Fears for environment in Spain as pigs outnumber people», *The Guardian*, 19 de agosto de 2018.
3. Datos de la campaña Stop Ganadería industrial.
4. *Ibid.*

48. Decántate por la pesca artesana

1. Datos de Greenpeace.

49. Busca un grupo de consumo, o similares

1. Véase <www.grupoagrupo.net>.
2. Véase <www.ecoagricultor.com>.
3. Véase <repera.wordpress.com>.

4. Véase <www.laecomarca.org>.
5. Véase <www.ecoredaragon.blogspot.com.es/>.
6. Véase <www.facpe.org>.
7. Véase <www.lacolmenaquedicesi.es>.
8. Véase <www.bah.ourproject.org>.
9. Véase <www.biosegura.es>.
10. Véase <www.larevolica.com>.
11. Véase <www.landare.org>.
12. Véase <www.karrakela.com>.
13. Véase <www.ecogermen.com>.
14. Véase <www.cerroviejo.org>.
15. Véase <www.cooperativalaosa.com>.

50. Bebe agua del grifo

1. Chávez, *Tu consumo puede cambiar el mundo*, p. 130.
2. Miguel Jara, «El agua embotellada», *El Ecologista* 58, 1 de septiembre de 2008.
3. Patricia Reina Toresano y Fernando Gómez Soria, *Vivir sin plástico*, Buenos Aires, Zenith, 2019.
4. Datos de la Asociación Nacional de Empresas de Aguas Envasadas.
5. Chávez, *Tu consumo puede cambiar el mundo*, pp. 127–132.

51. Combate la plaga plástica

1. Datos del Consejo Químico Americano.
2. Roland Geyer *et al.*, «Production, use, and fate of all plastics ever made», *Science Advances* 3, n.° 7 (2017).

3. Datos de Greenpeace de 2019.
4. Estudio de Fenercom de 2012.

53. Viste moda sostenible

1. Véase <https://modaimpactopositivo.com/>.
2. Véase <https://ecovamos.com/moda-sostenible-en-espana-donde-encontrarla/>.
3. Véase <https://www.carrodecombate.com/2016/05/26/directorio-para-comprar-ropa-de-forma-responsable-en-espana/>.
4. Véase <https://gansossalvajes.com/2016/02/22/guia-de-marcas-y-tiendas-sostenibles/>.
5. Véase <http://brendachavez.com/microguia-capitulo-iv-moda/>.

54. Dale a tu cuerpo cosmética y productos de higiene ecoéticos

1. Datos de *The Story of Stuff*, <https://storyofstuff.org/movies/story-of-cosmetics/>.

57. Conéctate a las energías renovables

1. Chávez, *Tu consumo puede cambiar el mundo*, pp. 417–425.
2. Véase <www.consumaconsciencia.org>.

58. Pásate a la banca ética

1. Véase <http://www.gabv.org/the-impact/the-scorecard>.

61. Utiliza tecnología responsable

1. Chávez, *Tu consumo puede cambiar el mundo*, pp. 425–431.
2. *Ibid.*, pp. 433–436.

62. Ahorra energía y agua en casa

1. Moro Vallina, *Vivir con menos.*

63. Olvídate del coche todo lo que puedas y practica la movilidad sostenible

1. Datos de la Agencia Europea de Medio Ambiente y la OMS del 25 marzo de 2014.

66. Reduce y minimiza

1. OCU *Compra Maestra* 387, diciembre de 2013.
2. Véase <www.noalcubo.org>.
3. Véase <bancodealimentos.es>.
4. Véase <www.neverasolidaria.org>.
5. Véase <www.espigoladors.cat>.
6. Véase <www.pontalimentari.org>.
7. Véase <www.aunarong.eus>.
8. Véase <www.coomida.com>.
9. Véase <www.yonodesperdicio.org>.
10. Véase <www.wakaiti.com>.
11. Véase <www.nilasmigas.com>.

67. Reutiliza y repara

1. Datos del European Environmental Bureau de 2018.
2. Datos del Foro Económico Mundial de 2019.
3. «Repair is as important as innovation», *The Economist*, 20 de octubre de 2018.

70. Da ejemplo

1. Chávez, *Tu consumo puede cambiar el mundo*, pp. 587–591.

71. Mima a tu mascota

1. Véase <www.farmfood.es>.
2. Véase <www.granatapet.de>.
3. Véase <www.terrapura.pt>.
4. Véase <www.anibio.es/>.

Agradecimientos

Gracias a Carmen Saéz Buenaventura (mi madre) por el apoyo y por dejarme parafrasearle una declaración. A Peru Saizprez por poner el título que lleva este libro a mi charla del evento HAZ de Greenpeace en 2017. A Nacho Padilla por un préstamo editorial accidental que ha durado más de cuatro años. A Ana Cristina Herreros (Ana Griott) por inspirarme el epílogo. A Antón Costas por una cita que me acompaña en algunas conferencias y también en estas páginas. A Elena Martínez Bavière y Miguel Aguilar por su buen hacer y su buen talante en todo este proceso. Y a todos los profesionales, así como especialistas, que he conocido, tratado o entrevistado durante estos años, relacionados con la sostenibilidad y el consumo responsable de los que tanto he aprendido y aún sigo aprendiendo.